Politik begreifen

Schriften zu theoretischen und empirischen Problemen der Politikwissenschaft

Politik begreifen

Schriften zu theoretischen und empirischen Problemen der Politikwissenschaft

Band 10

Politische Partizipation in Europa

Erklärungsfaktoren und ihr Zusammenwirken

von

Emanuel Hansen

Herausgegeben von
Dr. Johannes Marx
Dr. Annette Schmitt
Prof. Dr. Volker Kunz

Tectum Verlag

Umschlagabbildung: Demonstration am Morgen des 4. November 1989 mit etwa 500.000 Teilnehmern in der Ostberliner Innenstadt. Bundesarchiv, Bild 183-1989-1104-016, Foto: Bernd Settnik

Emanuel Hansen

Politische Partizipation in Europa.
Erklärungsfaktoren und ihr Zusammenwirken
Politik begreifen: Schriften zu theoretischen und empirischen Problemen der Politikwissenschaft; Band 10
Tectum Verlag Marburg, 2009
ISBN: 978-3-8288-9842-4
ISSN: 1867-755X

Besuchen Sie uns im Internet
www.tectum-verlag.de

Bibliografische Informationen der Deutschen Bibliothek
Die Deutsche Bibliothek verzeichnet diese Publikation in der Deutschen Nationalbibliografie; detaillierte bibliografische Angaben sind im Internet über http://dnb.ddb.de abrufbar.

Ausgezeichnet mit dem

Tectum-Förderpreis 2008

Der Tectum-Förderpreis wird jährlich vom Verein der „Freunde der Mainzer Politikwissenschaft" in Kooperation mit dem Tectum Verlag für die beste Magisterarbeit des Jahres am Institut für Politikwissenschaft der Johannes Gutenberg-Universität Mainz verliehen.

Vorwort der Herausgeber

Die vorliegende Arbeit von Emanuel Hansen ist so, wie theoriegeleitete empirische Forschung sein soll, und wir sind glücklich, sie in dieser Reihe veröffentlichen zu dürfen.

Im Mittelpunkt der Überlegungen von Herrn Hansen steht die Frage nach der Erklärungskraft eines in der Politikwissenschaft zentralen Modells zur Erklärung politischer Partizipation, nämlich des Civic Voluntarism Modells (CVM) von Verba u. a. aus dem Jahre 1995. Nachdem er zunächst untersucht, ob das CVM theoretisch fundiert ist, entwickelt er im nächsten Schritt unter Zuhilfenahme der Rationalwahlannahmen von Ajzen und Fishbein ein erweitertes Modell, um dann schließlich das CVM und seinen Vorschlag mit den Daten zu konfrontieren: Er untersucht die Fruchtbarkeit der beiden Modelle im Vergleich anhand der Daten des European Social Survey für 2006/07 aus fünf europäischen Ländern. Dabei bedient er sich linear-additiver und linear-multiplikativer Regressionsmodelle.

Wie die Gutachter hervorheben, ist die Arbeit begrifflich klar, argumentativ systematisch, theoretisch innovativ und methodisch kenntnisreich, kurz: es handelt sich um eine außergewöhnliche Leistung, die unser Wissen über die Zusammenhänge von politischer Partizipation und kulturellen bzw. sozioökonomischen Erklärungsfaktoren bereichert.

Die Herausgeber

November 2008

Vorwort des Autors

Die vorliegende Untersuchung wurde dem Fachbereich Sozialwissenschaften, Medien und Sport der Johannes Gutenberg-Universität Mainz als Magisterarbeit im Fach Politikwissenschaft vorgelegt. Bei ihrer Erstellung konnte ich auf den Rat und die Hilfe einer Reihe von Personen zurückgreifen, bei denen ich mich an dieser Stelle bedanken möchte. Zuvorderst sind dabei ohne Frage Christoph und Daniela zu nenne, weiterhin standen mir mit ihren Anmerkungen und Hinweisen vor allem Laura, Benjamin, Helli und meine Eltern zur Seite. Auch, aber nicht nur für die Betreuung meiner Arbeit bin ich Frau Professor Edeltraud Roller sehr dankbar, in deren Projektseminar „Bürger und Demokratie in Europa“ sowohl die Idee als auch eine Vorversion der vorliegenden Arbeit entstanden. Insbesondere bei methodischen Fragen konnte ich zudem erheblich vom fachkundigen Rat von Kai Arzheimer, Harald Schoen und Tatjana Rudi profitieren. Ein besonderer Dank gilt zuletzt den Herausgebern der Reihe „Politik begreifen“, dem Verein der „Freunde der Mainzer Politikwissenschaft“ und dem Tectum-Verlag für die Verleihung des Tectum-Förderpreises 2008 und die damit verbundene Möglichkeit der Veröffentlichung der vorliegenden Arbeit.

Mainz, September 2008

Emanuel Hansen

Inhaltsverzeichnis

Abbildungsverzeichnis

Tabellenverzeichnis

"Citizen participation goes to the heart of democracy."
(Schlozman 2002: 433)

1 Einleitung

In repräsentativen Demokratien geht die politische Macht gemäß der wörtlichen Bedeutung des Begriffes vom Volk aus, inhaltliche politische Entscheidungen werden aber fast ausschließlich von Berufspolitikern als gewählten Repräsentanten getroffen. Der Interaktion und Kommunikation zwischen Bürgern und Berufspolitikern kommt daher in jeder Hinsicht eine herausragende Bedeutung zu. Definitorisches Minimalkriterium demokratischer Systeme ist die Auswahl der politischen Entscheidungsträger durch die Bevölkerung im Rahmen allgemeiner, gleicher und freier Abstimmungen. Die Beteiligung von Bürgern an politischen Prozessen und am Zustandekommen kollektiv verbindlicher Entscheidungen stellt aber weit darüber hinaus eine Grundvoraussetzung für das allgemeine Verständnis pluralistischer Demokratien dar.[1] Durch politische Partizipation haben sie die Möglichkeit, den politischen Entscheidungsträgern ihre Interessen und Präferenzen mitzuteilen, die Unterstützung oder Ablehnung politischer Projekte bzw. bestehender Regelungen zu artikulieren oder neue Themen auf die politische Tagesordnung zu bringen. Erst die politische Mitwirkung von Bürgern versetzt die politischen Akteure in die Lage, responsive Entscheidungen im Interesse der Bevölkerung zu treffen. Daher wird das Niveau der politischen Partizipation häufig als wichtiger Indikator für die demokratische Qualität in einem Land verstanden (siehe z. B. van Deth 1997: 167-168, Schlozman 2002: 437-438, Neller und van Deth 2006: 30).

Aus demokratietheoretischer Perspektive ist aber nicht nur die allgemeine Höhe des Partizipationsniveaus in einem politischen System von zentraler Bedeutung. Empirische Untersuchungen sind wiederholt zu dem Befund gekommen, dass Bürger mit höherem sozioökonomischen Status, die über eine gute Ausstattung mit partizipationsrelevanten Ressourcen wie Geld und kognitiven Fähigkeiten verfügen, von ihren politischen Mitwirkungsrechten wesentlich mehr Gebrauch machen als Bürger mit niedrigem sozioökonomischen Status (siehe etwa Verba und Nie 1972, Verba et al. 1995 sowie aktuell für Europa Roller und Rudi 2008). Diese massive Ungleichheit politischer Beteiligung birgt die Gefahr, dass politische Entscheidungsträger erstens über die Präferenzen der ohnehin besser gestellten Schichten wesentlich umfangreicher informiert sind und zweitens gleichzeitig ein höherer Druck zur Berücksichtigung dieser Interessen entsteht. Die

[1] Zum Zwecke einer besseren Lesbarkeit werden die Begriffe politische Partizipation, politische Beteiligung, politische Mitwirkung sowie politische Aktivität im Folgenden synonym verwendet.

Interessen unterer Schichten drohen dagegen im politischen Prozess fast zwangsläufig weniger stark gewichtet oder sogar weitgehend ignoriert zu werden (vgl. u. a. van Deth 1997: 184-185, Schlozman 2002: 438; siehe aber auch Verba 2003). Die hohe Relevanz der theoretischen und empirischen Untersuchung von Determinanten politischer Partizipation folgt daher sowohl aus dem zentralen demokratietheoretischen Stellenwert bürgerlicher Mitwirkung im Allgemeinen als auch aus den beschriebenen Implikationen einer ungleichen Beteiligung.

Mitte der 90er Jahre wurde von Verba et al. (1995) das sogenannte *Civic Voluntarism Model* der politischen Partizipation entwickelt, das sich in empirischen Anwendungen sowohl für die Vereinigten Staaten von Amerika als auch für eine Reihe europäischer Staaten bewährt hat. Mit den Einstellungen der politischen Involvierung, den partizipationsrelevanten Ressourcen (Zeit, Geld und *civic skills*) sowie der Einbindung in gesellschaftliche Netzwerke beinhaltet es drei Gruppen zentraler Determinanten, die das individuelle Partizipationsverhalten erklären. Die politische Involvierung beschreibt dabei, ob eine Person partizipieren *will*, während die Ressourcen als Indikator dafür verstanden werden, ob und mit welchem Aufwand ein Bürger aktiv werden *kann*. Je stärker jemand schließlich in gesellschaftliche Netzwerke eingebunden ist, desto mehr sollte er politischen Stimuli oder direkten Rekrutierungsbemühungen ausgesetzt sein. Insbesondere durch die Konzentration auf den Einfluss der Ressourcenausstattung, die sie aus theoretischen Gründen in den Mittelpunkt des Modells stellen, beeinflussten Verba et al. auch die Diskussion über die oben beschriebenen Ungleichheiten der politischen Partizipation (vgl. Verba et al. 1995, siehe auch Schlozman 2002: 439-443).

Angesichts der ausgesprochen erfolgreichen Anwendung des Civic Voluntarism Model in einer Reihe empirischer Untersuchungen besteht an der grundsätzlichen Bedeutung aller drei Gruppen von Determinanten kein Zweifel (siehe z. B. Whiteley und Seyd 2002, Gabriel 2004, Roller und Rudi 2008). In dieser Arbeit soll jedoch untersucht werden, ob die von den Autoren vorgenommene Modellierung des konkreten Zusammenwirkens dieser Erklärungsfaktoren theoretisch und empirisch angemessen ist. In ihren empirischen Analysen gehen Verba et al. (1995) stets von einem linear-additiven Einfluss aller Variablen aus; der Effekt jeder Determinante soll demnach völlig unabhängig vom Niveau der jeweils anderen erklärenden Variablen sein. Diese Modellierung stellt den einfachsten denkbaren funktionalen Zusammenhang zwischen abhängigen und unabhängigen Variablen dar und repräsentiert das übliche Vorgehen bei empirischen Untersuchungen in den Sozialwissenschaften. Große Vorteile bietet diese aus methodischer Sicht sparsame Modellierung sowohl hinsichtlich der Hypothesenbildung als auch hinsichtlich der Interpretation der geschätzten Koeffizienten, da beide nicht in konditionaler Form erfolgen müssen.

Dabei verwenden Verba et al. (1995) jedoch an verschiedenen Stellen Formulierungen, die als Hinweise auf ein Interagieren der Determinanten politischer Partizipation interpretiert werden können. Insbesondere argumentieren sie, dass sowohl eine Mindestausstattung mit relevanten Ressourcen als auch ein Mindestmaß an politischer Involvierung notwendige Bedingungen der individuellen Beteiligung darstellen sollten (vgl. z. B. Verba et al. 1995: 270, 343). Dies impliziert, dass von den zentralen Determinanten des Modells keine generellen, sondern nur konditionale Effekte auf die Partizipationsentscheidungen ausgehen. Beispielsweise könnten die Wirkungen steigender Ressourcen und zunehmender gesellschaftlicher Einbindung davon abhängen, wie stark ein Bürger politisch involviert ist. Sofern politische Involvierung tatsächlich eine notwendige Partizipationsbedingung darstellt, werden sich Bürger ohne ausreichende Involvierung unter keinen Umständen beteiligen – folglich sollten die beiden anderen unabhängigen Variablen für solche Bürger keinen Erklärungsbeitrag leisten. Obwohl solche Wechselwirkungen demnach aus theoretischer Sicht sowohl plausibel als auch relevant erscheinen, gehen Verba et al. über die genannten Formulierungen hinaus nicht auf die Existenz und die möglichen Auswirkungen dieser Interaktionen ein.

Die Verwendung von linear-additiven Regressionsmodellen in allen empirischen Anwendungen des Civic Voluntarism Model gibt jedoch a priori eine Unabhängigkeit der Effekte aller erklärenden Variablen vor. Auch die Existenz sehr starker Wechselwirkungen würde in diesen Analysen folglich nicht auffallen. Angesichts der theoretischen Plausibilität der beschriebenen Interaktionen könnten daher ernst zu nehmende Kosten dieser technisch sparsamen Modellierung in einer stark vereinfachenden Abbildung der Realität und – daraus resultierend – einem unvollständigen Verständnis des individuellen Partizipationsverhaltens bestehen. Auch bei der Bewertung der möglichen Ungleichheit politischer Aktivität ist die Berücksichtigung der konditionalen Effekte erforderlich. Falls der Einfluss der Ressourcenausstattung substanziell vom Involvierungsniveau abhängt, so resultiert bei stark involvierten Bürgern, also bei den eigentlich beteiligungswilligsten Bürgern, ein besonders großes Partizipationsgefälle. Im Extremfall könnte eine interaktive Formulierung sogar aufdecken, dass eine zu geringe Ressourcenausstattung die Beteiligung stark involvierter Personen vollständig verhindert – was aus normativer Sicht ein erhebliches Problem darstellen würde.

In dieser Arbeit soll untersucht werden, ob das Civic Voluntarism Model in seiner etablierten Form das individuelle Partizipationsverhalten angemessen und umfassend erklären kann oder ob es hierzu aufgrund seiner sparsamen technischen Spezifikation nicht geeignet ist, weil es empirisch und inhaltlich bedeutsame Wechselwirkungen zwischen den erklärenden Variablen ignoriert.[2] Zu diesem

---

2 Von einer inhaltlichen bzw. substanziellen Bedeutsamkeit der Interaktionsbeziehung wird im Folgenden vor allem dann gesprochen, wenn nur für Teile der Bevölkerung

Zwecke wird ein linear-multiplikatives Konkurrenzmodell entwickelt, das im Gegensatz zum Basismodell die theoretisch plausiblen Interaktionen zwischen der politischen Involvierung auf der einen Seite sowie den individuellen Ressourcen und der Einbindung in gesellschaftliche Netzwerke auf der anderen Seite berücksichtigt. Den Schwerpunkt der Analyse bilden dabei der statistische Vergleich zwischen den Erklärungsleistungen beider Modelle und die Untersuchung der empirischen und inhaltlichen Bedeutsamkeit der vermuteten Wechselwirkungen. Da aus theoretischer Perspektive erhebliche Unterschiede zwischen der Wahlbeteiligung einerseits und allen anderen (weniger institutionalisierten) Partizipationsformen andererseits bestehen, ist eine gemeinsame Analyse aller Mitwirkungsformen nicht sinnvoll. Aus Platzgründen wird in dieser Arbeit nur das individuelle Partizipationsverhalten bei „activities beyond voting" (Roller und Rudi 2008: 252) untersucht.[3] Um für diese Formen politischer Beteiligung zu möglichst allgemein gültigen Aussagen zu gelangen, werden empirische Analysen für insgesamt fünf europäische Länder mit unterschiedlichen gesellschaftlichen und politischen Kontexten durchgeführt. Ausgewählt wurden hierfür die beiden ehemals getrennten Teile Deutschlands sowie Frankreich, Polen, Schweden und Spanien. Dabei werden keine länderspezifischen Hypothesen entwickelt; vielmehr wird davon ausgegangen, dass das erweiterte Partizipationsmodell mit Wechselwirkungen zur Erklärung von politischer Partizipation in allen untersuchten Ländern geeignet ist.

Die vorliegende Arbeit gliedert sich wie folgt. Im Anschluss an die Einleitung wird im zweiten Kapitel zunächst der Begriff der politischen Partizipation definiert und abgegrenzt, bevor eine Klassifikation der verschiedenen Partizipationsformen vorgenommen wird. Im dritten Kapitel wird das etablierte Civic Voluntarism Model von Verba et al. (1995) als Ausgangsbasis der weiteren Untersuchungen vorgestellt. Im vierten Kapitel wird ausführlicher untersucht, ob und in welcher Form aus theoretischer Sicht Interaktionen zwischen den erklärenden Variablen zu erwarten sind. Die aus diesen theoretischen Überlegungen abgeleiteten Hypothesen werden im fünften Kapitel zusammengefasst. Im sechsten Kapitel werden zunächst die Daten- und Länderauswahl erläutert und anschließend die verwendeten Operationalisierungen für abhängige und unabhängige Variablen beschrieben. Zudem erfolgt eine knappe Einführung in die Besonderheiten linear-multiplikativer Regressionsmodelle, bevor im siebten Kapitel die empirischen Ergebnisse vorgestellt werden. Abschließend werden im letzten Kapitel die zen-

signifikante Effekte einer Determinante festgestellt werden können, während sich für andere Bevölkerungsgruppen keine signifikanten Zusammenhänge nachweisen lassen. Daneben hängt die substanzielle Bedeutung auch von der Stärke der betreffenden Interaktionseffekte ab.

3 Daher bezieht sich auch die theoretische Argumentation in dieser Untersuchung vor allem auf nicht-elektorale Partizipationsformen. Eine Übertragbarkeit auf die Wahlbeteiligung scheint in weiten Teilen möglich, wird aber nicht explizit untersucht.

tralen Resultate dieser Arbeit zusammengefasst und bewertet sowie ein Ausblick auf noch offene Fragen für die weitere Forschung gegeben.

2 Zum Konzept der politischen Partizipation

In Demokratien geht die politische Macht nicht nur formal vom Volk aus, politische Entscheidungen sollen sich auch inhaltlich an den Wünschen und Bedürfnissen der Bürger orientieren. Daraus folgt die zentrale demokratietheoretische Bedeutung der politischen Partizipation von Bürgern am politischen Prozess, die häufig als „notwendige Voraussetzung funktionsfähiger Demokratien“ (Neller und van Deth 2006: 30) verstanden wird. Je stärker sich die Bürger politisch beteiligen und ihre Präferenzen im Rahmen politischer Partizipation artikulieren, desto besser sind die politischen Entscheidungsträger über die Interessen derer informiert, die sie vertreten sollen. Die Kommunikation und Interaktion mit der Bevölkerung macht es der politischen Elite erst möglich, responsive Entscheidungen zu treffen – und erhöht gleichzeitig den Druck auf die politischen Akteure, ihre Machtposition nicht zu missbrauchen (vgl. Schlozman 2002: 437-438).

Als politische Partizipation werden dabei sowohl die Auswahl politischer Repräsentanten als auch verschiedene Formen der Beeinflussung von Entscheidungen dieser Repräsentanten verstanden. Eine Wirkung auf den politischen Prozess kann von der öffentlichen Artikulation einer Zustimmung zu bzw. Ablehnung von bereits getroffenen Entscheidungen oder politischen Akteuren sowie von der Akzeptanz gesetzlicher Regelungen ausgehen. Selbst Handlungen, bei denen keinerlei politischer Einfluss intendiert war, können Folgen für den politischen Output nach sich ziehen. Nach allgemeinem Verständnis sollen jedoch nicht alle Handlungen, von denen derartige Wirkungen ausgehen können, als politische Beteiligung verstanden werden. Im folgenden Abschnitt wird daher erläutert, welche Definition politischer Partizipation in dieser Arbeit zugrunde gelegt wird (siehe zu den Schwierigkeiten der Abgrenzung politischer Partizipation u. a. Verba et al. 1995: 40-42, van Deth 1997: 169, Schlozman 2002: 434-436).

2.1 Begriffsbestimmung politische Partizipation

In der Literatur findet sich eine große Zahl von Definitionen, die zwar unterschiedliche Kriterien besonders betonen, sich aber gleichwohl inhaltlich weitgehend überschneiden. Kaase und Marsh folgend sollen in dieser Arbeit unter politischer Partizipation „all voluntary activities by individual citizens intended to influence either directly or indirectly political choices at various levels of the political systems" (Kaase und Marsh 1979a: 42; ähnlich etwa Verba und Nie 1972: 2 sowie Verba et al. 1995: 38) verstanden werden.

Das zentrale Kriterium politischer Beteiligung ist nach dieser Definition die intendierte Beeinflussung *politischer, d. h. kollektiv verbindlicher Entscheidungen*, die von politischen Repräsentanten getroffen werden. Bürger können dabei erstens versuchen, die Entscheidungen des amtierenden politischen Personals direkt zu beeinflussen, indem sie ihre Präferenzen bezüglich der jeweiligen Sachentscheidung artikulieren. Zweitens können sie durch die Auswahl politischer Entscheidungsträger (üblicherweise im Rahmen demokratischer Wahlen) einen indirekten Einfluss auf die später zu treffenden Entscheidungen ausüben.

Dieser Versuch der Einflussnahme muss in beiden Fällen nicht erfolgreich sein, damit von politischer Mitwirkung gesprochen werden kann. Grundlegendes Kriterium ist aber, dass die Handlungen mit dem *Ziel der Beeinflussung* politischer Entscheidungen ausgeführt sein müssen. Wenn Handlungen eines Bürgers politische Konsequenzen haben, ohne dass dies von dem Akteur beabsichtigt war, so handelt es sich dabei zwar um politisch relevante Aktivitäten, aber nicht um politische Partizipation. Auch Diskussionen über politische Themen im Freundes- oder Familienkreis stellen keine Partizipation dar, solange sich die beteiligten Personen davon keine Einflussnahme auf die politischen Entscheidungsträger erwarten (vgl. Verba und Nie 1972: 2-3, Verba et al. 1995: 38-40, Schlozman 2002: 435). Ebenso wird die Kommunikation mit einem politischen Akteur erst dann zur Partizipation, wenn sie auf das Zustandekommen bestimmter politischer Entscheidungen ausgerichtet ist. Als politische Beteiligung können nach diesem Verständnis nur Aktivitäten verstanden werden, die einen Bezug zu den Policy-Inhalten von politischen Entscheidungen bzw. zu den verfügbaren Policy-Alternativen aufweisen.

Weiterhin werden unter politischer Beteiligung ausschließlich *Aktivitäten* verstanden – „rather than being attentive to politics" (Verba et al. 1995: 39). Wenn Bürger politische Informationen im Fernsehen und in anderen Medien verfolgen oder sich Gedanken über politische Zusammenhänge machen, liegt keine politische Mitwirkung vor. Diese passive Beschäftigung mit Politik kann zwar eine Voraussetzung für spätere Aktivität sein, erfüllt aber offensichtlich auch nicht das zuvor genannte Kriterium, da keine Beeinflussung politischer Entscheidungen erreicht werden kann (vgl. Verba und Nie 1972: 3, Verba et al. 1995, Schlozman 2002: 435-436).

Zuletzt werden unter politischer Beteiligung nur solche Handlungen verstanden, die *freiwillig* durchgeführt werden. Aktivitäten, die aufgrund gesetzlicher Vorschriften oder durch Zwang von außen zustande kommen, stellen ebenso wenig politische Partizipation dar wie Handlungen, von denen sich ein Akteur eine direkte finanzielle Kompensation oder berufliche Vorteile verspricht (z. B. professionelle Lobby-Arbeit).[4] Auch diese Anforderung steht im Zusammenhang mit dem Verständnis, wonach politische Partizipation primär auf die inhaltliche Be-

---

[4] Problematisch ist nach diesem Definitionsmerkmal die Einstufung der Wahlbeteiligung in Ländern mit expliziter Wahlpflicht (z. B. Belgien). In der vorliegenden Studie ergeben sich hieraus aber keine Schwierigkeiten, weil weder Länder mit Wahlpflicht noch die Wahlbeteiligung als abhängige Variable berücksichtigt werden.

einflussung bestimmter Policies ausgerichtet sein soll (vgl. Verba et al. 1995: 38-40, Schlozman 2002: 435).

2.2 Formen politischer Partizipation

Die bürgerliche Mitwirkung am politischen Entscheidungsprozess kann über eine Reihe von Partizipationsformen erfolgen, die sich in vielfacher Hinsicht unterscheiden. Im Folgenden werden theoretische Überlegungen entwickelt, die grundsätzlich für alle Partizipationsformen gelten sollten, weshalb mögliche Implikationen der speziellen Eigenschaften einzelner Formen nicht thematisiert werden. Auch bei der empirischen Prüfung der abgeleiteten Hypothesen wird keine Separierung von Partizipationsformen vorgenommen. Die gemeinsame Analyse verschiedener Formen erlaubt aber nur dann sinnvolle Auswertungen, wenn grundsätzlich ähnliche Aktivitäten zusammengefasst werden. Insbesondere sollten in einem Messinstrument für das allgemeine Partizipationsverhalten keine Beteiligungsformen enthalten sein, für die aus theoretischer Sicht stark differierende Einflüsse der berücksichtigten Determinanten zu erwarten sind. In diesem Abschnitt werden daher die am stärksten verbreiteten Formen der politischen Beteiligung hinsichtlich zentraler Unterscheidungsmerkmale typologisiert.

Sehr häufig wird zwischen konventionellen Aktivitäten (z. B. der Beteiligung an Wahlen, politischen Spenden und der Mitarbeit in politischen Gruppierungen und Parteien) und unkonventionellen Aktivitäten (z. B. Demonstrationen und Unterschriftensammlungen) unterschieden. Diese Systematisierung geht darauf zurück, dass die unkonventionellen Formen erst in der zweiten Hälfte des 20. Jahrhunderts und damit deutlich später etabliert wurden, ohne jedoch die traditionellen Formen abzulösen. Verbunden hiermit ist auch die Trennung zwischen legitimen und illegitimen Partizipationsformen, wobei sich die Zuordnung einzelner Formen im Laufe der Zeit ändern kann – so wird die Teilnahme an einer genehmigten Demonstration oder an einer Unterschriftensammlung heute allgemein als völlig legitime Form bürgerlicher Mitwirkung gesehen. Klarer kann dagegen der Trennstrich zwischen legalen und illegalen Aktivitäten gezogen werden, wobei zu letzteren etwa ungenehmigte Demonstrationen und verschiedene Formen politischer Gewalt zählen. Allgemein wird davon ausgegangen, dass illegale Aktivitäten sich deutlich von legalen Partizipationsformen unterscheiden und anderen Gesetzmäßigkeiten unterliegen (vgl. Roller und Rudi 2008: 253; siehe allgemein zu diesem Abschnitt Milbrath und Goel 1977: 10-23, Marsh und Kaase 1979: 133-134, Kaase und Marsh 1979b, Verba et al. 1995: 46-47).[5]

[5] Im Folgenden wird daher nicht weiter auf illegale Partizipationsformen eingegangen, zu denen in der dritten Welle des European Social Survey ohnehin keine Daten zur Verfügung stehen.

In funktionaler Hinsicht unterscheiden sich die Formen politischer Partizipation bezüglich des Grades transportierter Informationen. Mit Hilfe von Demonstrationen und Unterschriftensammlungen können explizite inhaltliche Botschaften und Forderungen an die politische Elite gerichtet werden, weshalb diese Formen vor allem mit dem Ziel der direkten Beeinflussung politischer Sachentscheidungen eingesetzt werden. Elektorale Beteiligungsformen wie die Stimmabgabe im Rahmen einer demokratischen Wahl oder auch die Mitarbeit bei einer politischen Kampagne sind dagegen auf die indirekte Beeinflussung von Policy-Entscheidungen – über die Auswahl der bevorzugten politischen Repräsentanten – ausgerichtet und transportieren primär keine inhaltlichen Botschaften, sondern nur die allgemeine Unterstützung eines Kandidaten bzw. einer Partei. Während die erstgenannten Formen meist generell an die politische Elite bzw. die Gesamtheit der relevanten Entscheidungsträger gerichtet sind, beziehen sich letztere auf einzelne Akteure bzw. Gruppierungen des politischen Systems. Durch das Kontaktieren eines Politikers wird nur dieser persönlich angesprochen, dabei können jedoch klare inhaltliche Botschaften transportiert werden (vgl. Verba et al. 1995: 44-46).

Weiterhin beinhalten einige Formen politischer Partizipation einen sehr viel höheren Aufwand als andere. Relativ hoch ist der Aufwand bei Aktivitäten wie der Mitarbeit bei einer Kampagne oder der Organisation einer politischen Veranstaltung, aber auch bei Demonstrationen. Diese Formen erfordern jeweils einen hohen Zeiteinsatz und verursachen damit neben Informations- und Handlungskosten auch relativ hohe Opportunitätskosten. Zudem erhöht sich bei den beiden erstgenannten Formen ebenso wie bei der persönlichen Kontaktaufnahme mit einem politischen Entscheidungsträger die Erfolgswahrscheinlichkeit, wenn ein Bürger über ein gewisses Maß an organisatorischen und kommunikativen Fähigkeiten verfügt. Geringer ist dagegen im Allgemeinen der Aufwand, den die Beteiligung an einer Unterschriftensammlung, einer Volksbefragung oder anderen plebiszitären Elementen verursacht. Spenden an politische Gruppierungen oder für politische Kampagnen stellen eine besondere Aktivität dar, die als einzige Partizipationsform zwingend den Einsatz finanzieller Mittel erfordert. Hingegen ergeben sich bei politischen Spenden allgemein nur geringe Handlungskosten und ein begrenzter Zeiteinsatz (vgl. Verba et al. 1995: 44).

Ein besonders geringer Aufwand mit niedrigem Ressourceneinsatz und sehr begrenzten Opportunitätskosten ergibt sich schließlich bei der Wahlbeteiligung, die sich auch in weiteren Punkten deutlich von allen anderen Formen bürgerlicher Beteiligung unterscheidet. Demokratische Wahlen finden nur in großen zeitlichen Abständen statt und sind sehr viel stärker reglementiert als die übrigen Aktivitäten. Sie werden durch eine besonders ausführliche Medienberichterstattung begleitet, was die Informationskosten der Bürger stark begrenzt. Im Zusammenhang mit ihrer starken Institutionalisierung und ihrer herausgehobenen Stellung als zentrales Kriterium demokratischer Systeme wird die Wahlbeteiligung anders als alle anderen Partizipationsformen von großen Teilen der Bevölkerung als informelle Bürgerpflicht wahrgenommen. Die Sonderstellung der Wahlbeteiligung manifestiert sich auch darin, dass sie als einzige politische Aktivität in allen westlichen Ländern von einer deutlichen Mehrheit der Bürger genutzt wird (vgl. Verba et al. 1995: 48, 360; siehe für den gesamten Abschnitt Verba und Nie 1972: 44-55, van Deth 1997: 171-175).

Zusammenfassend lässt sich festhalten, dass unter dem Oberbegriff der politischen Partizipation eine Reihe sehr heterogener Aktivitäten zusammengefasst wird. Besonders große Unterschiede in mehrfacher Hinsicht bestehen aus theoretischer Sicht zwischen der Beteiligung an demokratischen Wahlen und allen anderen Beteiligungsformen. Zudem spielen Spenden an politische Gruppierungen und für politische Kampagnen eine besondere Rolle, da sie als einzige Form einen finanziellen Einsatz erfordern. Die übrigen Partizipationsformen unterscheiden sich ebenfalls in Bezug auf verschiedene Kriterien, etwa hinsichtlich ihres Informationsgehalts oder in Bezug auf den verursachten Aufwand, eine gemeinsame Analyse der Determinanten dieser Formen erscheint aber trotzdem möglich. Die beschriebenen Besonderheiten des Wählens und der politischen Spenden lassen hingegen gesonderte Analysen ratsam erscheinen, die an dieser Stelle jedoch aus Platzgründen nicht durchgeführt werden können.

3 Das Civic Voluntarism Model

Die theoretische Ausgangsbasis dieser Arbeit stellt das *Civic Voluntarism Model* der politischen Partizipation dar, das von Verba, Schlozman und Brady Mitte der 90er Jahre entwickelt wurde und sich auch aufgrund seiner guten empirischen Erklärungsleistungen sehr schnell als wichtigstes Modell der empirischen Partizipationsforschung etabliert hat. Bei der Identifikation partizipationsfördernder Variablen gehen die Autoren von der umgekehrten Frage aus, warum sich Bürger gegen eine politische Beteiligung entscheiden könnten. Ihre Antwort beinhaltet drei Elemente: "because they can't, because they don't want to, or because nobody asked" (Verba et al. 1995: 269; siehe auch Brady et al. 1995: 271). Folglich beinhaltet ihr *Civic Voluntarism Model* drei Gruppen zentraler Erklärungsfaktoren (siehe Abbildung 1). Die individuell verfügbaren Ressourcen (Zeit, Geld und *civic skills*) beeinflussen, ob und wie leicht sich Bürger beteiligen *können.* Das Niveau politischer Involvierung beeinflusst, ob sie am politischen Prozess mitwirken *wollen.* Und die Einbindung in gesellschaftliche Netzwerke, in denen politische Rekrutierung stattfinden kann, hat einen Effekt darauf, ob Bürger *gefragt werden* bzw. – allgemeiner ausgedrückt – mit politischen Stimuli und Informationen über konkrete Partizipationsmöglichkeiten konfrontiert werden (vgl. Verba et al. 1995: 269).

Wie die meisten zuvor entwickelten Erklärungsansätze konzentriert sich das *Civic Voluntarism Model* ausschließlich auf Kausalzusammenhänge auf der Individualebene, führt die Partizipationsentscheidungen von Bürgern also auf deren individuelle Eigenschaften und Einstellungen zurück. Mögliche Einflussfaktoren auf der Systemebene (z. B. förderliche oder hemmende politische Institutionen, Variationen der öffentlichen Meinung oder des Verhaltens der politischen Elite sowie andere Makrofaktoren) werden dagegen bewusst nicht berücksichtigt, ohne dass

Abbildung 1: Kausalpfade im Civic Voluntarism Model

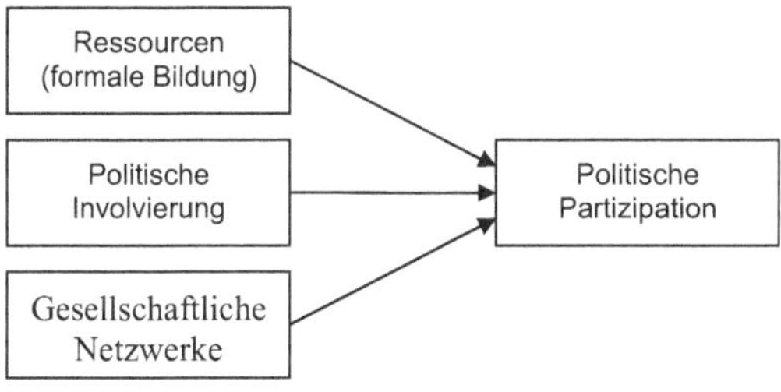

dadurch deren Einfluss bestritten wird.[6] Der große Erfolg des Modells resultiert vor allem daraus, dass Verba et al. in der Lage waren, einen zentralen Missstand der Partizipationsforschung zu beseitigen. Seit langer Zeit war der enge Zusammenhang zwischen dem sozioökonomischen Status und der politischen Aktivität von Bürgern bekannt, ohne dass eine umfassende Erklärung für eine Kausalbeziehung geliefert werden konnte. Diametral fiel hingegen die Bewertung von Rational-Choice-Theorien aus. Diese konnten zwar konsistente und überzeugende Begründungen leisten, warum sich manche Personen für und andere gegen eine politische Beteiligung entscheiden sollten, in empirischen Anwendungen erreichten sie jedoch nur eine unbefriedigende Erklärungsleistung. Das *Civic Voluntarism Model* legt hingegen durch die Einbeziehung partizipationsrelevanter Ressourcen als erklärender Variablen eine einleuchtende Erklärung für den engen Zusammenhang zwischen sozioökonomischem Status und politischer Partizipation vor und kann hierdurch sowohl eine inhaltlich überzeugende Erklärung als auch eine gute Anpassung an empirische Daten erreichen (vgl. Brady et al. 1995: 272, Verba et al. 1995: 283-287).

3.1 Ressourcen

Die Beteiligung am politischen Prozess ist eine aufwändige Aktivität, die den Einsatz verschiedener Ressourcen erfordert – „[t]here are real costs to participation" (Verba et al. 1995: 284). Wie bereits im vorangegangenen Abschnitt erläutert wurde, variieren dabei Art und Menge des benötigten Ressourceneinsatzes mit der gewählten Partizipationsform. Praktisch alle Aktivitäten verursachen einen zeitlichen Aufwand, der aber z. B. bei der Mitarbeit in einer politischen Gruppierung wesentlich höher als bei der Beteiligung an einer Unterschriftensammlung ist. Ebenso bedürfen fast alle Aktivitäten bestimmter kognitiver Fähigkeiten. Insbesondere bei Partizipationsformen wie der Mitarbeit in einer politischen Kampagne oder der Organisation einer politischen Veranstaltung kommt „civic skills – those communications and organizational capacities that are so essential to political activity" (Brady et al. 1995: 273) – eine wesentliche Bedeutung zu. Finanzielle Mittel müssen schließlich zwangsläufig eingesetzt werden, wenn Bürger sich zur Spende für eine politische Gruppierung oder einen politischen Zweck entscheiden.

Verba et al. gehen daher davon aus, dass die individuelle Ausstattung mit den relevanten Ressourcen (Geld, Zeit und *civic skills*) eine zentrale Erklärungsvariable der politischen Partizipation darstellt. Dabei liegt auf der Hand, dass sich Bürger ohne eine Mindestmenge der benötigten Ressourcen keinesfalls politisch beteiligen *können* – ohne frei verfügbare Zeit kann man nicht an einer Demonstration

6 Siehe zu Makromodellen der politischen Partizipation z. B. Norris (2002) und Franklin (2004) sowie für eine kombinierte Analyse von Kontext- und Individualfaktoren Roller und Rudi (2008).

teilnehmen, ohne jegliche monetäre Mittel ist keine Spende möglich und ohne ein Mindestmaß an kommunikativen Fähigkeiten kann einem politischen Entscheidungsträger keine inhaltliche Forderung übermittelt werden (vgl. Verba et al. 1995: 270, 343).

Auch über diese Mindestanforderungen hinaus nehmen die Autoren aber an, dass das individuelle Partizipationsverhalten eines Bürgers stark von seinen verfügbaren Ressourcen beeinflusst wird. Verba et al. rücken dabei explizit die Kosten der Partizipation in den Fokus ihrer Analyse, so dass ihr Erklärungsmodell deutliche Ähnlichkeiten mit verschiedenen Rational-Choice-Ansätzen aufweist (vgl. Verba et al. 1995: 283-287). Weil die relevanten Ressourcen auch für andere Tätigkeiten eingesetzt werden können (bzw. müssen), sollte die politische Beteiligung eine umso höhere individuelle Belastung und einen umso höheren Aufwand implizieren, je geringer die Ressourcenausstattung eines Bürgers ist. Mit steigenden individuell verfügbaren Ressourcen sollte eine Mitwirkung am politischen Prozess dagegen weniger aufwändig und kostenintensiv werden, was sich auch in einer stärkeren Nutzung der Partizipationsmöglichkeiten äußern sollte.

So bedeutet zwar die Spende einer bestimmten Geldsumme für alle Personen den Verzicht auf den gleichen finanziellen Betrag, der ansonsten anderweitig ausgegeben werden könnte. Plausibel ist aber, dass dieser Verzicht als umso größere Belastung wahrgenommen wird, je geringer das insgesamt zur Verfügung stehende Budget ist – und dass damit auch höhere wahrgenommene bzw. subjektive Kosten der Partizipation anfallen. Entsprechend sollte auch der im Rahmen politischer Beteiligung erforderliche zeitliche Einsatz einen umso höheren Aufwand implizieren, je geringer die insgesamt verfügbare freie Zeit eines Akteurs ist. Ökonomisch ausgedrückt gehen die Autoren also von einem sinkenden Grenznutzen des Besitzes beider Ressourcen aus. Je höher die verfügbaren Budgets sind, desto geringer sollten dementsprechend die Handlungs- und Opportunitätskosten politischer Partizipation sein (vgl. Verba et al. 1995: 287).

Die kommunikativen und organisatorischen Fähigkeiten eines Bürgers werden hingegen nicht verringert (sondern im Zweifel eher noch vergrößert), wenn er sie im Rahmen einer politischen Aktivität einsetzt. Trotzdem sollten politische Aktivitäten Bürgern mit höheren kognitiven Fähigkeiten leichter fallen und dementsprechend von solchen Akteuren auch als weniger aufwändig wahrgenommen werden als von Personen mit geringeren *civic skills*. Weiterhin ist bei verschiedenen Beteiligungsformen zu erwarten, dass mit zunehmenden Fähigkeiten der erforderliche Zeiteinsatz sinkt, weil bestimmte Handlungen schneller durchgeführt werden können. Auch die Effektivität, also die Erfolgswahrscheinlichkeit der Partizipation sollte mit zunehmenden *civic skills* ansteigen (vgl. Verba et al. 1995: 271, 304).

Verba et al. betonen, dass sie unter diesen kognitiven Ressourcen keine subjektiven Einschätzungen der eigenen Fähigkeiten verstehen, insbesondere nicht die wahrgenommene politische Kompetenz (political efficacy). Gemeint sind vielmehr objektive, tatsächlich vorhandene Fertigkeiten, die vor allem während der Jugendzeit in der Familie sowie im Rahmen der Schulausbildung, aber auch anschließend noch am Arbeitsplatz sowie in verschiedenen gesellschaftlichen Institutionen entwickelt werden können (vgl. Brady et al. 1995: 273, Verba et al. 1995: 304-307, 330).

Mit steigender Ressourcenausstattung sollten also die Handlungs- und Opportunitätskosten politischer Partizipation sinken, was unter sonst gleichen Bedingungen eine Ausweitung der politischen Beteiligung bzw. eine Erhöhung der Beteiligungswahrscheinlichkeit erwarten lässt. Personen mit höherem sozioökonomischem Status verfügen dabei insbesondere über eine bessere Ausstattung mit finanziellen Mitteln und *civic skills*. Durch die Einbeziehung der Ressourcen können Verba et al. daher eine einleuchtende Erklärung für den vielfach bestätigten empirischen Zusammenhang zwischen sozioökonomischem Status und politischer Partizipation liefern. Die starke Varianz der individuellen Ressourcenausstattung erklärt auch die ungleiche Nutzung von Beteiligungsmöglichkeiten durch die verschiedenen Bevölkerungsgruppen. Gerade wenn angenommen werden kann, dass besser ausgestattete Personen auch über andere Interessen und Präferenzen als ihre materiell benachteiligten Mitbürger verfügen, stellt die starke Ungleichheit bürgerlicher Mitwirkung ein ernstes demokratietheoretisches Problem dar (vgl. Brady et al. 1995: 273, Verba et al. 1995: 289-291).

3.2 Politische Involvierung

Politische Partizipation setzt nach Verba et al. auch voraus, dass Bürger sich beteiligen *wollen*. Als zentrales Kriterium für das individuelle Interesse an politischer Mitwirkung sehen sie dabei die politische Involvierung eines Bürgers, unter die sie verschiedene psychologische Prädispositionen gegenüber der Politik und dem politischen System subsumieren (vgl. Verba et al. 1995: 272).[7] Je stärker Bürger politisch involviert sind, desto wahrscheinlicher ist es, dass sie sich zur politischen Partizipation entschließen.

Die Bedeutung politischer Einstellungen ist in der Partizipationsforschung seit langem bekannt (siehe z. B. Milbrath und Goel 1977: 46-61). Dabei kann zwischen verschiedenen Typen politischer Einstellungen unterschieden werden. Während sich einige nur auf einzelne politische Entscheidungen, bestimmte politische Akteure oder Institutionen beziehen, sind andere Einstellungen eher auf das politische System als Ganzes gerichtet. Beide Gruppen politischer Einstellun-

---

7 Verba et al. verwenden für diese Einstellungen die Bezeichnung „political engagement" (Verba et al. 1995: 269). Da dieser aber insbesondere in der deutschen Übersetzung mehrdeutig ist und vielfach auch politische Aktivität selbst kennzeichnet, wird in dieser Arbeit auf den Begriff der politischen Involvierung zurückgegriffen.

gen können politische Beteiligung beeinflussen. Unter die politische Involvierung fallen nach dem Verständnis von Verba et al. aber hauptsächlich generelle Einstellungen, welche die allgemeine psychologische Verbundenheit eines Bürgers mit dem politischen System beschreiben. Aus der großen Menge politischer Orientierungen konzentrieren sie sich dabei auf vier Einstellungen, die nach ihrer Überzeugung die wichtigsten Dimensionen politischer Involvierung weitgehend abdecken: politisches Interesse, subjektive politische Kompetenz (*internal political efficacy*), politische Informiertheit sowie Parteibindung (vgl. Verba et al. 1995: 345).

Die zentralste Einstellung der politischen Involvierung ist das politische Interesse. Es bezieht sich darauf, in welchem Maße Bürger nach eigener Einschätzung politische Prozesse verfolgen und welche subjektive Bedeutung politische Vorgänge für sie haben. Das Gefühl subjektiver politischer Kompetenz (*political efficacy*) beschreibt, wie sehr sich Bürger eine effektive politische Aktivität zutrauen und wie sie ihre individuellen Fähigkeiten einschätzen, politische Vorgänge zu verstehen und korrekt einzuordnen.[8] Die politische Informiertheit misst die individuellen Kenntnisse über politische Abläufe und Zusammenhänge, politisches Führungspersonal sowie aktuelle politische Themen (vgl. Verba et al. 1995: 347). Dabei handelt es sich im Gegensatz zu den anderen beschriebenen Einstellungen nicht um eine subjektive Einstellung, sondern um eine (relativ) objektiv messbare Variable. Verba et al. argumentieren jedoch, dass die politische Informiertheit einen "powerful predictor of political attitude formation and of the connectedness of an individual to the political process" (Verba et al. 1995: 347) darstellt. Auch die Stärke der Parteibindung unterscheidet sich von den anderen Dimensionen der politischen Involvierung, da sie sich eigentlich nur auf eine separate Gruppe politischer Akteure bezieht, also auf einen begrenzten Ausschnitt des politischen Systems. Verba et al. gehen jedoch davon aus, dass Bürger mit Parteiidentifikation generell stärker in das politische System eingebunden sind und verweisen auf den signifikanten Einfluss, den die Parteibindung nach vielen empirischen Studien auf die Wahrscheinlichkeit einer politischen Partizipation ausübt (vgl. Verba et al. 1995: 345-348, siehe auch Milbrath und Goel 1977: 53-56).[9]

---

8 Häufig wird zwischen *internal* und *external political efficacy* unterschieden, die beide die wahrgenommene Wirksamkeit politischer Partizipation beschreiben (vgl. u. a. Milbrath und Goel 1977: 57-61, Kaase und Marsh 1979a: 48-49). Zu den Einstellungen der politischen Involvierung zählen Verba et al. nur die *internal political efficacy* (subjektive politische Kompetenz), nicht dagegen die *external political efficacy* (subjektive Responsivität). Letztere bezieht sich auf die Einschätzung der Bereitschaft politischer Entscheidungsträger, auf Wünsche und Meinungsäußerungen der Bürger (unabhängig von der eigenen Person) einzugehen.

9 Andere Autoren gehen dagegen auch bei weiteren Einstellungen und Verhaltensweisen von einem Einfluss auf politische Beteiligung aus, z. B. der subjektiven Wichtigkeit oder Salienz der Politik, der Häufigkeit politischer Diskussionen, demokratischen

3.3 Gesellschaftliche Netzwerke

Den dritten wichtigen Erklärungsfaktor politischer Partizipation sehen Verba et al. in der Zugehörigkeit zu gesellschaftlichen Netzwerken. Die Mitgliedschaft in nicht-politischen Organisationen und Gruppierungen sowie die dort stattfindenden sozialen Interaktionen können sich theoretisch über unterschiedliche Kausalpfade auf die politische Beteiligung von Bürgern auswirken. Unter anderem wird der partizipationsfördernde Effekt solcher Netzwerke in der Sozialkapital-Literatur ausführlich diskutiert (siehe grundlegend Putnam et al. 1993).

Verba et al. konzentrieren sich auf zwei Wirkungspfade. Erstens gehen sie davon aus, dass partizipationsrelevante Fähigkeiten auch noch nach dem Ende der formalen Ausbildung entwickelt und verbessert werden können. Die wichtigste Quelle von *civic skills* in dieser Lebensphase stellt neben der Erwerbstätigkeit das Engagement in gesellschaftlichen Netzwerken dar, in denen gerade jene wichtigen kommunikativen und organisatorischen Fähigkeiten erprobt und angewendet werden können bzw. müssen, die auch politische Beteiligung erleichtern (vgl. Verba et al. 1995: 317-320). Zweitens werden gesellschaftlich eingebundene Personen in sehr viel höherem Maße mit politischen Informationen und Stimuli konfrontiert als ihre gesellschaftlich passiven Mitbürger. Die intensivste Form eines politischen Stimulus stellen Versuche der politischen Rekrutierung dar, also explizite Aufforderungen zur politischen Mitwirkung durch andere Mitglieder der Netzwerke. Auf diesen Kausalpfad bezieht sich das dritte Element der oben zitierten verbalen Analyse von Verba et al.: Bürger werden sich häufiger und intensiver politisch beteiligen, wenn sie *gefragt werden*. Besonders groß sollte die Wirkung eines politischen Rekrutierungsversuchs sein, wenn dieser von Freunden, Verwandten oder anderen Akteuren ausgeht, die über einen persönlichen „Hebel" (Brady et al. 1999: 157) verfügen. Zu den politischen Stimuli zählen weiterhin in den gesellschaftlichen Netzwerken stattfindende Gespräche über politische Themen und Vorgänge, durch die Bürger mit verschiedenen Arten politischer Informationen versorgt werden (vgl. Verba et al. 1995: 369-370, 388-390; siehe auch Brady et al. 1999, Abramson und Claggett 2001).

Für den positiven Effekt der gesellschaftlichen Einbindung auf das Partizipationsverhalten werden in der Literatur auch weitere Erklärungen geliefert. So lässt sich annehmen, dass die Mitgliedschaft in gesellschaftlichen Organisationen zu einem stärkeren Interesse der Bürger an gemeinschaftsbezogenen (und damit auch an politischen) Themen und zur Entwicklung eines stärkeren Zusammengehörigkeitsgefühls führt. Zudem könnten positive Erfahrungen mit sozialer Interaktion kooperative und demokratische Werte und Normen fördern und das

---

Normen wie einem „sense of civic obligation" oder starken Gruppenzugehörigkeitsgefühlen. Teilweise werden auch diese Variablen, die Verba et al. nicht in ihrem Modell berücksichtigen, unter dem Konzept der politischen Involvierung subsumiert (vgl. z. B. Milbrath und Goel 1977: 49-53 sowie 56-57, van Deth 2004, van Deth 2008).

interpersonelle Vertrauen fördern (vgl. z. B. Schlozman 2002: 435, McClurg 2003: 450, Kwak et al. 2004: 644). In verschiedenen Varianten finden sich diese Argumente auch in der Literatur zum Konzept des Sozialkapitals (siehe etwa Putnam et al. 1993: 167-175).

3.4 Issue-Orientierungen

Von den drei bisher beschriebenen Determinanten politischer Partizipation (Ressourcen, politische Involvierung sowie gesellschaftliche Netzwerke) erwarten Verba et al. einen generellen Einfluss auf das individuelle Partizipationsverhalten. Zwar ist anzunehmen, dass der Effekt einzelner Faktoren für verschiedene Partizipationsformen differiert – so sollte z. B. das verfügbare finanzielle Budget bei der Erklärung politischer Spenden eine stärkere Rolle spielen als bei Unterschriftensammlungen. Zu erwarten ist aber eine positive Wirkung von Ressourcen, politischer Involvierung und Rekrutierung, die unabhängig von der jeweiligen Sachfrage ist, auf die sich ein konkreter Partizipationsakt bezieht – so handelt es sich z. B. bei der politischen Involvierung um „general orientations, not concerns about particular issues" (Verba et al. 1995: 391).

Die vierte und letzte erklärende Variable, die Verba et al. im *Civic Voluntarism Model* berücksichtigen, bezieht sich hingegen explizit auf diese politischen Inhalte. Für die Artikulation ihrer politischen Interessen hinsichtlich eines konkreten Policy-Bereichs werden sich Personen vor allem entscheiden, wenn sie über starke entsprechende *Issue-Orientierungen* verfügen. Diese inhaltlichen Orientierungen können nach Verba et al. entstehen, wenn Bürger von der relevanten politischen Entscheidung persönlich in hohem Maße betroffen sind, weil sie z. B. Empfänger von Sozialleistungen sind oder ihre Kinder eine öffentliche Schule besuchen. Daneben können eindeutige politische Präferenzen auf besonders tiefe persönliche Überzeugungen bezüglich der zugrunde liegenden politischen Sachfrage (des Issues) zurückzuführen sein. Diese Art von Issue-Orientierungen weist häufig eine hohe moralische oder religiöse Relevanz auf. Die Autoren verweisen beispielhaft auf Einstellungen zur Abtreibungspolitik oder zum Vietnamkrieg (vgl. Verba et al. 1995: 393, 408, siehe auch Verba und Brody 1970).

Im Gegensatz zu den anderen Erklärungsfaktoren ist jedoch zu erwarten, dass von Issue-Orientierungen nur ein Einfluss auf solche Partizipationsakte ausgeht, die sich auf das direkt betroffene Policy-Feld beziehen. Bei allen Partizipationsaktivitäten, die im Zusammenhang mit anderen politischen Sachfragen stehen, sollte den spezifischen Issue-Orientierungen, etwa den Einstellungen eines Bürgers zur Abtreibungspolitik, hingegen keine Bedeutung zukommen (vgl. Verba et al. 1995: 391-415; siehe grundlegend zu Issue-Orientierungen auch Campbell et al. 1960: 168-169, Verba und Brody 1970, Schoen und Weins 2005: 226-228).

3.5 Bisherige empirische Befunde

Das *Civic Voluntarism Model* erklärt die individuellen Entscheidungen für oder gegen eine politische Beteiligung mit den vier vorgestellten Variablen (Ressourcen, politische Involvierung, Einbindung in gesellschaftliche Netzwerke und Issue-Orientierungen). Beansprucht wird dabei der Status eines allgemeinen Partizipationsmodells, das zur Erklärung aller Formen politischer Beteiligung geeignet ist. Die Etablierung als wichtigstes Modell der aktuellen empirischen Partizipationsforschung ist vor allem auf seine überzeugende empirische Bestätigung in zahlreichen Studien zurückzuführen. Dabei wurde der Zusammenhang zwischen den exogenen und endogenen Variablen in allen empirischen Analysen entweder mit Hilfe linear-additiver oder mit Hilfe logistischer Regressionen untersucht (siehe z. B. für die USA Verba et al. 1995; für Europa Gabriel 2004 sowie Roller und Rudi 2008; für Deutschland Lüdemann 2001 und für Großbritannien Whiteley und Seyd 2002).[10]

In ihrer Analyse des Partizipationsverhaltens in den Vereinigten Staaten von Amerika können Verba et al. (1995) für die Mehrzahl der berücksichtigten Determinanten den erwarteten positiven Einfluss feststellen. Unter den Ressourcen kommt den *civic skills* die größte Bedeutung zu, insbesondere bei der Erklärung zeitintensiver Beteiligungsformen wie der Mitarbeit in politischen Kampagnen oder der Kontaktaufnahme mit einem politischen Entscheidungsträger. Das finanzielle Budget eines Bürgers ist dagegen für diese Aktivitäten irrelevant und beeinflusst nur die Entscheidung für politische Spenden signifikant. Für die verfügbare Zeit als dritte Ressource ergibt sich ein unbefriedigender, weil gemischter Befund. Während im Rahmen normaler OLS-Regressionen kein statistisch bedeutsamer Effekt festgestellt werden kann, zeigen 2SLS-Regressionen einen signifikanten Zusammenhang mit der Nutzung politischer Partizipationsformen (vgl. Verba et al. 1995: 352-353, 358).[11]

---

10 Eine Ausnahme stellt hierbei die Analyse von Lüdemann (2001) dar, der in einer linear-multiplikativen Modellvariante mögliche Interaktionen zwischen verschiedenen politischen Einstellungen (z. B. zwischen subjektiver politischer Kompetenz sowie wahrgenommener Responsivität) berücksichtigt (vgl. Lüdemann 2001: 48-50, 56-57). Die hierbei verwendeten Modellspezifikationen können jedoch nach Brambor et al. zu massiv verzerrten Schätzungen führen und erschweren daher die Interpretation seiner Ergebnisse (vgl. Brambor et al. 2006: 66-70).

11 OLS(Ordinary Least Squares)-Regressionen stellen das Standardinstrument zur statistischen Analyse der Beziehungen zwischen einer abhängigen und mehreren unabhängigen Variablen dar. 2SLS(two-stage-least-squares)-Regressionen erlauben dagegen eine methodisch angemessenere Behandlung von Modellen mit mehreren abhängigen Variablen bzw. gegenseitiger kausaler Beeinflussung mehrerer Variablen. Zudem können durch ein 2SLS-Design mögliche Probleme aufgrund von Messfehlern reduziert werden, worauf die Autoren die unterschiedlichen Ergebnisse bezüglich der verfügbaren Zeit zurückführen (vgl. Verba et al. 1995: 341).

Ein starker und signifikanter positiver Einfluss geht in den USA von allen Dimensionen der politischen Involvierung (politisches Interesse, subjektive politische Kompetenz, politische Informiertheit und Stärke der Parteibindung) auf sämtliche Beteiligungsformen aus (vgl. Verba et al. 1995: 352-353, 358). Ebenso können Verba et al. empirisch bestätigen, dass die Einbindung in gesellschaftliche Netzwerke sowohl über die Aneignung von *civic skills* als auch über dort stattfindende politische Rekrutierung die Entscheidung für eine politischen Partizipation fördert (vgl. Verba et al. 1995: 389). Ausgeprägte Issue-Orientierungen haben wie erwartet einen starken Effekt auf die Nutzung solcher Partizipationsakte, die sich explizit auf die jeweiligen politischen Sachfragen beziehen. Bei der Erklärung allgemeiner – d. h. thematisch unspezifischer – politischer Aktivitäten spielen sie hingegen keine Rolle (vgl. Verba et al. 1995: 397-404).

Für eine Reihe europäischer Staaten können Gabriel (2004) sowie Roller und Rudi (2008) diese empirischen Ergebnisse weitgehend bestätigen. Politische Involvierung und die Mitgliedschaft in gesellschaftlichen Organisationen beeinflussen auch die politische Aktivität der europäischen Bürger signifikant. Ebenso gehen in der überwiegenden Mehrzahl der europäischen Staaten signifikante positive Effekte von der formalen Bildung aus, die als Proxy-Variable für die kommunikativen und organisatorischen Fähigkeiten (*civic skills*) verwendet wird. Soweit die beiden anderen Ressourcen (Geld und Zeit) berücksichtigt werden können, spielen sie dagegen bei der Erklärung politischer Partizipation keine Rolle. Die Effekte spezifischer Issue-Orientierungen konnten in diesen Studien nicht geprüft werden, weil keine entsprechenden Daten zur Verfügung standen (vgl. Gabriel 2004: 330-332, Roller und Rudi 2008: 266-268; siehe ähnlich für Deutschland Lüdemann 2001: 55 sowie für Großbritannien Whiteley und Seyd 2002: 82, 86-89).

3.6 Die technische Spezifikation des Civic Voluntarism Model

In der Literatur wird das *Civic Voluntarism Model* insgesamt ausgesprochen positiv bewertet (siehe z. B. Huckfeldt 1996, Aldrich 1997, Hochschild 1997, Mansbridge 1997). Kritisch bewertet wird jedoch die mögliche beidseitige Kausalität zwischen politischer Involvierung und politischer Partizipation, auf die auch Verba et al. selbst hinweisen (vgl. Verba et al. 1995: 276-279, Hochschild 1997: 425). Ähnlich kann auch die Beziehung zwischen bürgerlicher Beteiligung und politischer Rekrutierung eingestuft werden, da politische Rekrutierungsversuche häufig gezielt an frühere Partizipanten gerichtet werden, die sich mit höherer Wahrscheinlichkeit zu einer politischen Mitwirkung mobilisieren lassen als bisher passive Mitbürger (vgl. Brady et al. 1999, Abramson und Claggett 2001). Ein weiterer Kritikpunkt bezieht sich auf die starke Heterogenität der verschiedenen Beteiligungsformen, die nach Aldrich eine umfassende Theorie zur Erklärung allgemeinen Partizipationsverhaltens wenig geeignet erscheinen lässt (vgl. Aldrich 1997: 421-423).

Im Folgenden soll mit dem konkreten Zusammenwirken der Determinanten politischer Partizipation jedoch ein anderes Element des *Civic Voluntarism Model* genauer untersucht werden. Verba et al. (1995) gehen davon aus, dass Ressourcen, politische Involvierung und die Einbindung in gesellschaftliche Netzwerke gemeinsam als unabhängige Variablen das individuelle Partizipationsverhalten von Bürgern erklären können. In ihrer theoretischen Argumentation beschränken sie sich aber auf die Identifikation dieser Einflussfaktoren, ohne deren Zusammenwirken konkreter zu untersuchen. Insbesondere machen sie keine expliziten Aussagen dazu, ob der Einfluss der einzelnen Determinanten unabhängig vom Niveau der anderen erklärenden Variablen ist oder ob eine der Determinanten die Wirkung der anderen moderiert. Bei ihren empirischen Analysen setzen sie jedoch a priori eine spezifische Form des Wirkungszusammenhangs voraus. Die linear-additive Spezifikation ihrer Regressionsanalysen modelliert einen unabhängigen und homogenen Einfluss aller verwendeten Regressoren, d. h. dass beispielsweise die Zunahme der Ressourcenausstattung um eine Einheit bei stark involvierten Bürgern zu einer ebenso starken Zunahme der Partizipationsaktivitäten führt wie bei nicht involvierten Bürgern. Für die Verwendung linear-additiver Regressionen spricht deren einfachere Interpretierbarkeit und technische Sparsamkeit, selbst wenn die Annahme unkonditionaler Effekte sicherlich in vielen Fällen als deutliche Vereinfachung der Realität angesehen werden muss. Die Berücksichtigung möglicher konditionaler Effekte einer erklärenden Variable – also einer Abhängigkeit des Effekts einer Variable vom Niveau einer anderen – macht zwangsläufig sowohl die inhaltliche Interpretation als auch die statistische Prüfung einer Theorie komplizierter und ist aus modelltheoretischer Sicht nur dann sinnvoll, wenn durch die einfachere Modellierung substanziell wichtige Zusammenhänge verdeckt werden.

In ihrer theoretischen Entwicklung des *Civic Voluntarism Model* verwenden Verba et al. aber eine Reihe von Argumenten, die implizit gegen eine unabhängige Wirkung der einzelnen Erklärungsfaktoren sprechen. Auf eine konditionale Wirkung der zentralen Determinanten politischer Partizipation weist schon die plakative Zusammenfassung des *Civic Voluntarism Model* hin: „[P]eople do *not* become political activists (...) because they can't; because they don't want to; or because nobody asked" (Verba et al. 1995: 269, Hervorhebung im Original). Demnach wird die politische Beteiligung von Bürgern z. B. verhindert, wenn diese nicht stark genug politisch involviert sind (unabhängig von ihrer Ressourcenausstattung und möglichen Rekrutierungsversuchen ihrer Mitbürger). Ebenso werden sie sich gegen eine politische Aktivität entscheiden, wenn sie über eine zu geringe Ressourcenausstattung verfügen oder wenn sie nicht durch andere Personen mobilisiert werden (jeweils unabhängig von den Niveaus der anderen erklärenden Variablen). Hinsichtlich der politischen Rekrutierung wird die Absolutheit dieser Hypothese später wieder abgeschwächt, bezüglich der beiden anderen Determinanten verdeutlichen die Autoren sie hingegen noch:

> "Recruitment to political activity – being asked to take part – plays an important role, but participation can, and does, take place in the absence of specific requests for activity. In contrast, it is hard to imagine activity without at least a modicum of resources and some political engagement." (Verba et al. 1995: 270)

> "Both resources and political engagement would seem to be required for most forms of political participation." (Verba et al. 1995: 343)

Allem Anschein nach sehen Verba et al. sowohl Ressourcen als auch politische Involvierung nicht nur als förderliche Einflussfaktoren, sondern als *notwendige Bedingungen* politischer Partizipation. Folglich kann von beiden Variablen kein konstanter oder genereller, sondern nur ein konditionaler Effekt auf die politische Aktivität ausgehen (siehe analog Kam und Franzese 2005: 11). Eine verbesserte Ressourcenausstattung und politische Rekrutierung führen aus dieser Sicht dann und nur dann zu einem Anstieg der politischen Aktivität eines Bürgers, wenn dieser eine ausreichend starke politische Involvierung aufweist. Ist er hingegen nicht stark genug involviert, wird er unter keinen Umständen partizipieren – folglich geht in dieser Situation von Ressourcen und Rekrutierung kein Effekt aus. Ebenso werden eine zunehmende politische Involvierung und direkte Mobilisierungsversuche dann und nur dann die Wahrscheinlichkeit politischer Beteiligung erhöhen, wenn der betreffende Bürger über die mindestens notwendige Ausstattung mit den relevanten Ressourcen verfügt. Unklar ist dabei, welches Niveau politischer Involvierung und welche Ressourcenausstattung mindestens erforderlich sind. Auch über das Verständnis von Ressourcen und Involvierung als notwendige Bedingungen politischer Partizipation hinaus legen einige Formulierungen von Verba et al. die Interpretation nahe, dass die zentralen erklärenden Variablen miteinander interagieren sollten (vgl. auch Verba et al. 1995: 289, 345):

> „The resources of time, money, and civic skills make it easier for the individual who is predisposed to take part to do so. The various indicators of political engagement – for example, political interest and efficacy – measure that predisposition." (Verba et al. 1995: 334)

In einer Fußnote und in Anhang D.3 weisen auch die Autoren selbst darauf hin, dass ihre theoretische Argumentation eine Interaktion zwischen Ressourcen und politischer Involvierung plausibel erscheinen lässt (vgl. Verba et al. 1995: 343, 609-611). Trotzdem entscheiden sie sich für die Verwendung linear-additiver Regressionsmodelle, mit denen mögliche Wechselwirkungen nicht aufgedeckt werden können. Unter anderem begründen sie diese Entscheidung damit, dass bestimmte Einstellungen und Ressourcen nichts zur Erklärung einzelner Beteiligungsformen beitragen könnten und dass für die meisten Ressourcen und politischen Einstellungen kein natürlicher Nullpunkt existiere. Beide Argumente sprechen jedoch nicht grundsätzlich gegen die Verwendung einer linear-multiplikativen Spezifikation, sondern nur für die Einbeziehung aller konstitutiven Terme. Wie auch Verba et al. erläutern, sollte die Regressionsgleichung folglich die interagierenden Variablen nicht nur in Form eines Produktterms, sondern zusätzlich auch in Form additiver Terme enthalten (vgl. z. B. Kam und Franzese 2005: 66, Brambor et al. 2006: 66-69).[12]

Das wichtigste Argument für die Verwendung eines linear-additiven Regressionsmodells stellt dessen einfachere Interpretation dar, die ebenso wie die größere Robustheit der Schätzungen aus der technischen Sparsamkeit dieser Spezifikation folgt. Allerdings bleiben die Kosten dieser technischen Sparsamkeit zwangsläufig unklar. In allen empirischen Anwendungen des *Civic Voluntarism Model* werden konstante Effekte aller relevanten Variablen auf die Nutzung politischer Partizipationsmöglichkeiten festgestellt, die nicht von den Niveaus der anderen Determinanten moderiert werden (siehe z. B. Gabriel 2004, Roller und Rudi 2008). Da eine Konditionalität dieser Effekte aber stets durch die gewählte Spezifikation ausgeschlossen wurde, lässt dies keine Aussagen über mögliche Interaktionen zu. Ob in diesen Fällen nur unvollständige und verzerrte Erklärungen des individuellen Partizipationsverhaltens geliefert wurden und wie bedeutsam – inhaltlich sowie statistisch – diese Kosten der sparsamen Modellierung sind, kann nur durch die explizite Modellierung möglicher Wechselwirkungen mit Hilfe linear-multiplikativer Regressionen untersucht werden. Da Verba et al. auf eine Modellierung möglicher Interaktionen verzichten, beschäftigen sie sich auch theoretisch nicht explizit mit der Plausibilität solcher Wechselwirkungen. Daher wird im nächsten Abschnitt untersucht, welche Form des Zusammenwirkens von Ressourcen, politischer Involvierung und gesellschaftlicher Einbindung aus theoretischer Perspektive zu erwarten ist, bevor im weiteren Verlauf dieser Arbeit eine empirische Überprüfung der abgeleiteten Hypothesen erfolgt.

---

12 Nach Verba et al. ergab eine solche linear-multiplikative Regressionsanalyse im Rahmen ihrer Analyse einen signifikanten positiven Koeffizient des Produktterms, was grundsätzlich auf die statistische Signifikanz einer Interaktionsbeziehung hindeutet. Da jedoch zugleich für einen der konstitutiven Terme ein signifikant negativer Koeffizient geschätzt wurde, bewerteten sie diese Ergebnisse interessanterweise nicht als Indiz für einen Interaktionszusammenhang, sondern als Hinweis auf eine zu geringe Robustheit der interaktiven Formulierung (vgl. Verba et al. 1995: 610-611). Weil die Autoren keine Angaben über die dabei vorgenommene Skalierung der interagierenden Variablen machen, ist leider keine Interpretation dieses Befundes möglich – eventuell stimmt dieser aber mit den theoretischen Erwartungen und den empirischen Ergebnissen dieser Untersuchung überein.

4 Ein erweitertes Modell mit Wechselwirkungen

Im folgenden Abschnitt wird ein erweitertes Modell der politischen Partizipation entwickelt, wobei die Erklärungsfaktoren vollständig von Verba et al. (1995) übernommen werden. Anders als im *Civic Voluntarism Model* ist das konkrete Zusammenwirken der Faktoren aber ein essentieller Bestandteil des erweiterten Modells. Insbesondere wird in den folgenden Abschnitten theoretisch untersucht, ob ein konditionaler Einfluss der zentralen Erklärungsvariablen politischer Partizipation – abhängig von den Niveaus der anderen unabhängigen Variablen – zu erwarten ist. Das resultierende Modell formuliert aufgrund theoretischer Überlegungen, welche Determinanten politischer Partizipation miteinander interagieren sollten und wie diese Interaktion aussehen sollte. Hierdurch wird auf einen Teil der technischen Sparsamkeit des *Civic Voluntarism Model* verzichtet, um eine genauere und eventuell theoretisch angemessenere Beschreibung des Erklärungszusammenhanges politischer Beteiligung zu erreichen. Da zwischen Sparsamkeit und Exaktheit eines Modells zwangsläufig ein Zielkonflikt besteht, soll aber auch die Vorteilhaftigkeit dieser Erweiterung kritisch geprüft werden. Sofern aus theoretischer Sicht nur geringe und substanziell unbedeutende Interaktionen zwischen den einzelnen Determinanten zu erwarten sind, welche die grundlegende Aussage des *Civic Voluntarism Model* – alle Determinanten wirken grundsätzlich positiv auf politische Partizipation – nicht verändern, wäre der zusätzliche Nutzen dieser Modellerweiterung zu vernachlässigen. Wenn hingegen einzelne Determinanten nur unter bestimmten Bedingungen einen positiven Einfluss ausüben und unter anderen Bedingungen keine Rolle spielen, wäre dies ein substanzieller Erkenntnisgewinn gegenüber dem Basismodell von Verba et al. (1995). Eine endgültige Bewertung dieses Zielkonflikts wird erst durch Berücksichtigung sowohl theoretischer Argumente als auch empirischer Ergebnisse möglich.

In den folgenden Abschnitten wird zur Untersuchung möglicher Wechselwirkungen eine Rekonstruktion des *Civic Voluntarism Model* erfolgen, die eine teilweise veränderte Interpretation einzelner Kausalzusammenhänge beinhaltet. Im Zentrum steht dabei die Untersuchung der genauen Wirkungsweise der verschiedenen Determinanten politischer Partizipation, um mögliche Abhängigkeiten von den Niveaus anderer Variablen identifizieren zu können. Zu diesem Zwecke werden neben der Argumentation von Verba et al. (1995) auch Erklärungsansätze anderer Autoren berücksichtigt.

4.1 Politische Partizipation als rationales Verhalten

Die individuelle Entscheidung eines Bürgers für oder gegen eine politische Partizipation wird im Folgenden als rationale Entscheidung verstanden. Sie beinhaltet demnach eine Abwägung von Nutzen und Kosten, die im Zusammenhang mit der politischen Mitwirkung entstehen. Grundsätzlich wird entsprechend der Argumentation von Verba et al. davon ausgegangen, dass Bürger nur dann partizipieren, wenn ihre erwarteten Nutzen aus dieser Aktivität die erwarteten Kosten übersteigen.[13] Zugrunde gelegt wird dabei der Rationalitätsbegriff nach Brennan und Lomasky (1993), der deutlich vom Basismodell des *homo oeconomicus* abweicht (siehe Downs 1957: 6). Rationale Akteure werden dabei weiterhin als Nutzenmaximierer verstanden, die aber nicht ausschließlich über egoistische Motive (in einem eng definierten Sinne) verfügen (vgl. Verba et al. 1995: 283). Im Rahmen der rationalen Entscheidung sind zudem auch nicht-monetäre Nutzen und Kosten relevant (vgl. Brennan und Lomasky 1993: 13-17; siehe auch Ajzen 1988: 117).

In der theoretischen Argumentation erfolgt dabei eine Orientierung an der *theory of planned behavior* von Ajzen, die eine Erweiterung der *theory of reasoned action* darstellt (siehe Ajzen und Fishbein 1980, Ajzen 1988: 112-145). Diese allgemeinen Handlungstheorien erklären das Zustandekommen individueller Entscheidungen sehr detailliert und unterscheiden dabei insbesondere zwischen Handlungsintentionen, Einstellungen gegenüber einer Handlung sowie Einstellungen gegenüber den Folgen dieser Handlung. Die zentrale unmittelbare Determinante einer Handlung (z.B. der Beteiligung an einer Demonstration) ist demnach eine entsprechende Handlungsintention, die selbst wiederum auf Einstellungen gegenüber der Handlung sowie auf subjektive Normen zurückzuführen ist. Die Einstellungen gegenüber der jeweiligen Handlung ergeben sich wiederum aus der Bewertung der erwarteten Handlungsfolgen (z. B. den kollektiven und individuellen Folgen der persönlichen Beteiligung an der Demonstration) und hängen wesentlich von den persönlichen Zielen des Bürgers ab (vgl. Ajzen 1988: 116-120, 132-135). Im Fall politischer Partizipation wird in der Literatur eine Reihe unterschiedlicher Motive diskutiert, auf die im folgenden Abschnitt 4.2 ausführlicher eingegangen wird (vgl. z. B. Kaase und Barnes 1979: 526-528, Verba et al. 1995: 108-110, Whiteley und Seyd 2002: 52-56).[14]

Weiterhin wird davon ausgegangen, dass neben den nutzenbezogenen Erklärungsvariablen auch die Wahrnehmung konkreter Handlungsoptionen sowie die Kosten der Partizipation einen Einfluss auf die Entscheidungen rationaler Akteure haben. Im Rahmen der *theory of planned behavior* beeinflussen beide Faktoren die wahrgenommene Handlungskontrolle, die so genannte „perceived behavioral control“ (Ajzen 1988: 132), und können an verschiedenen Stellen von Bedeutung

13 Diese Annahme wird jedoch nicht in Form einer formalen Entscheidungsregel formuliert, die für jede Kombination der Erklärungsfaktoren eine eindeutige Voraussage macht.

14 Im Folgenden werden dabei drei zentrale Partizipationsmotive berücksichtigt, mit denen die Einstellungen der politischen Involvierung in unterschiedlicher Weise zusammenhängen: instrumentelle Nutzenorientierungen, expressive Nutzenorientierungen mit Policy-Bezug sowie expressive Orientierungen ohne Policy-Bezug.

sein. Erstens beeinflussen die wahrgenommenen Kosten einer Handlungsalternative schon die Bewertung dieser Handlung, da rationale Akteure nicht nur mögliche positive Folgen, sondern auch die im Rahmen der Handlung entstehenden Kosten berücksichtigen sollten (vgl. Ajzen 1988: 120). Selbst wenn sie die möglichen Folgen der Handlung positiv bewerten, werden rationale Akteure zweitens in vielen Situationen keine Handlungsintentionen entwickeln, wenn sie keine Möglichkeiten zur Durchführung der betreffenden Handlung wahrnehmen oder wenn sie sich hierzu aufgrund niedriger Ressourcen nicht oder nur begrenzt in der Lage fühlen (vgl. Ajzen 1988: 132-135). Und drittens hängt auch die Umsetzung einer bestehenden Handlungsintention nach Ajzen von den wahrgenommenen Schwierigkeiten ab, die entsprechende Handlung durchzuführen. Sofern ein Akteur aus subjektiver Sicht über zu geringe Fähigkeiten bzw. Ressourcen verfügt oder sich ihm (aus seiner Perspektive) keine konkreten Gelegenheiten zur Durchführung einer Handlung bieten, wird er trotz vorhandener Handlungsintention auf die betreffende Aktivität verzichten (vgl. Ajzen 1988: 132-135).

Die Wahrnehmung konkreter Beteiligungsmöglichkeiten sollte daher einen starken Einfluss auf das individuelle Partizipationsverhalten haben. Sofern keine Unterschriftensammlungen oder Demonstrationen mit Bezug auf eine bestimmte politische Sachfrage stattfinden, können Bürger diese Partizipationsformen nicht zur Artikulation ihrer Präferenzen nutzen.[15] Von Bedeutung ist hierbei nicht nur die objektive Existenz von Handlungsgelegenheiten, sondern vor allem deren Wahrnehmung durch die Akteure. Über das Wissen um die grundsätzliche Option der politischen Beteiligung hinaus muss ein Akteur auch über Informationen hinsichtlich konkreter Partizipationsmöglichkeiten verfügen, z. B. den Ort und den Zeitpunkt einer Demonstration kennen. Dabei ist nicht nur von einer dichotomen Einflussgröße (volle Information oder keine Information) auszugehen. Theoretisch sollte die Entscheidung zur politischen Beteiligung auch davon abhängen, wie viele Informationen den betreffenden Akteur erreichen und wie präsent ihm die notwendigen Informationen sind (siehe ähnlich Ajzen 1988: 143).

Wenn der Entschluss zur Partizipation rationalen Erwägungen folgt, muss zudem ein Einfluss der Kosten politischer Aktivität angenommen werden, die nach Verba et al. von der individuellen Ressourcenausstattung abhängen. Die Kosten der Partizipation sind dabei nur zu einem kleinen Teil monetärer Natur. Wenn sich ein Bürger entscheidet, politisch aktiv zu werden, so entstehen ihm dabei zunächst Informationskosten. Selbst wenn er ausreichend gut informiert ist, um eine Gelegenheit zur politischen Beteiligung überhaupt wahrnehmen zu können (siehe oben), benötigt er im Allgemeinen noch zusätzliche Informationen dar-

15 Für die Kontaktaufnahme mit einem politischen Entscheidungsträger gilt dieses Argument nur sehr begrenzt. Allerdings sollte auch die Nutzung dieser Partizipationsform davon abhängen, wie gut ein Bürger über die konkreten Möglichkeiten zu einer Kontaktaufnahme informiert ist.

über, unter welchen Umständen, wann und wo er diese Partizipationsmöglichkeiten nutzen kann. Beim Partizipationsakt selbst entstehen Handlungs- oder Transaktionskosten, die zwischen den Partizipationsformen stark variieren können. In einigen Formen ist ein höherer Zeiteinsatz nötig, in anderen (auch oder vor allem) der Einsatz von Geld. Alle Formen verursachen mindestens einen geringen Aufwand hinsichtlich des Einsatzes von Zeit und individuellen Fähigkeiten. Da diese Ressourcen auch für andere Tätigkeiten eingesetzt werden könnten, entstehen im Rahmen der politischen Partizipation in jedem Fall Opportunitätskosten, die in vielen Fällen einen erheblichen Teil des Gesamtaufwandes darstellen dürften (vgl. Verba et al. 1995: 284).

Das aus diesen Überlegungen resultierende Verständnis individueller Partizipationsentscheidungen entspricht damit im Wesentlichen jenem von Verba et al., die selbst auf die Ähnlichkeiten zwischen ihrem Erklärungsmodell und verschiedenen Rational-Choice-Ansätzen hinweisen (vgl. Verba et al. 1995: 283-287). Durch die Betonung der zentralen Rolle von Ressourcen (Zeit, Geld und *civic skills*) berücksichtigen sie insbesondere die Kosten der Partizipation, die sie den potentiellen Nutzen der politischen Beteiligung gegenüberstellen. Die Bedeutung der wahrgenommenen Handlungskontrolle wird dadurch deutlich, dass sie explizit danach fragen, ob Bürger partizipieren *können* (vgl. Verba et al. 1995: 269).[16]

4.2 Nutzenbezogene Erklärungsvariablen

Rationale Akteure werden sich nur dann für eine politische Mitwirkung entscheiden, wenn sie diese Handlungsoption positiv bewerten, weil sie aus den erwarteten Folgen der politischen Aktivität Nutzen ziehen können – wenn sie also partizipieren *wollen* (vgl. Verba et al. 1995: 269). Die konkrete Bewertung der Handlungsfolgen hängt von den individuellen Motiven der möglichen Partizipanten ab. Im Folgenden sollen drei zentrale Gruppen von Partizipationsmotiven berücksichtigt werden, die in der Literatur unter verschiedenen Bezeichnungen genannt werden: instrumentelle Nutzenorientierungen, Policy-bezogene expressive Orientierungen sowie expressive Orientierungen ohne Bezug zu politischen Inhalten.[17]

16 Weniger klar ist hingegen ihre Behandlung des Einflusses gesellschaftlicher Netzwerke, was vermutlich auch mit den unterschiedlichen denkbaren Kausalpfaden zwischen gesellschaftlicher Einbindung und politischer Partizipation zusammenhängt (siehe Abschnitt 3.3).

17 Obwohl andere Bezeichnungen verwendet werden, weist die vorgenommene Unterscheidung der möglichen Nutzenorientierungen dabei deutliche Ähnlichkeiten zur Typologisierung von Verba et al. (1995) auf, welche die unterschiedlichen Motive politischer Aktivisten sowohl theoretisch als empirisch untersuchen (vgl. Verba et al. 1995: 108-127). Im Rahmen des Civic Voluntarism Model gehen sie jedoch nur sehr begrenzt darauf ein, in welchem Verhältnis die von ihnen identifizierten Partizipationsmotive zu den zentralen Determinanten politischer Partizipation stehen.

Der instrumentelle Nutzen politischer Aktivität hängt ausschließlich von den tatsächlichen bzw. erwarteten Konsequenzen der individuellen Beteiligung ab, also von der Beeinflussung der betreffenden politischen Entscheidungen (vgl. Kaase und Barnes 1979: 526-528, Brennan und Lomasky 1993: 19-24). Verba et al. sprechen in diesem Zusammenhang von kollektiven Folgen oder einem „desire to influence policy“ (Verba et al. 1995: 109), Whiteley und Seyd bezeichnen diese Motivation als kollektive Anreize oder „policy goals“ (Whiteley und Seyd 2002: 53). Bei den betroffenen politischen Entscheidungen kann es sich entweder um einzelne Sachentscheidungen oder um die Auswahl politischer Entscheidungsträger handeln. In beiden Fällen können Bürger nur dann einen instrumentellen Nutzen aus der politischen Aktivität ziehen, wenn sie mindestens zwei – im Allgemeinen mehr – Alternativen identifizieren können und diese unterschiedlich bewerten. Das Ziel der politischen Partizipation liegt dann darin, die Entscheidung für individuell positiv(er) bewertete Optionen herbeizuführen bzw. für negativ(er) bewertete Optionen zu verhindern (vgl. Whiteley und Seyd 2002: 53). Die politischen Alternativen stellen entweder konkrete Policy-Positionen bzw. Gesetzesvorhaben oder konkurrierende Kandidaten für ein politisches Amt dar. Die unterschiedliche Bewertung konkurrierender Kandidaten sollte dabei hauptsächlich auf differierende Einschätzungen der von ihnen zu erwartenden Bündel politischer Entscheidungen zurückzuführen sein. Damit ein Bürger sich aufgrund instrumenteller Überlegungen für die politische Beteiligung entscheidet, muss er jedoch nicht nur über klare inhaltliche Präferenzen verfügen, sondern auch davon ausgehen, durch seine individuelle Aktivität den Ausgang des politischen Entscheidungsprozesses zumindest mit einer geringen Wahrscheinlichkeit beeinflussen zu können. Insbesondere bei solchen Partizipationsformen, die von großen Gruppen von Bürgern gemeinsam durchgeführt werden (z. B. Demonstrationen oder Unterschriftensammlungen), muss der isolierte Einfluss einzelner Individuen aber als sehr gering eingestuft werden. Solange die individuelle Wirksamkeit nicht stark überschätzt wird, kann der erwartete Partizipationsnutzen in diesen Fällen normalerweise nicht ausreichen, um die Kosten der politischen Beteiligung zu kompensieren (vgl. z. B. Brennan und Lomasky 1993, Verba et al. 1995: 99, Whiteley und Seyd 2002: 41; siehe grundlegend Olson 1965). Die Ergebnisse von Befragungen amerikanischer Partizipanten durch Verba et al. deuten darauf hin, dass sich trotzdem eine sehr große Zahl partizipierender Bürger aufgrund des Wunsches nach Beeinflussung politischer Entscheidungen zur politischen Aktivität entschließt (vgl. Verba et al. 1995: 120-121).

Neben einem instrumentellen Nutzen kann jedoch aus der Beteiligung an politischen Entscheidungsprozessen auch ein expressiver Nutzen entstehen. Sinnvoll erscheint dabei eine Unterscheidung von expressiven Policy-bezogenen Handlungsanreizen auf der einen Seite und expressiven Partizipationsmotiven ohne inhaltlichen Bezug auf der anderen Seite. Die erste Form expressiven Nutzens steht ebenfalls im Zusammenhang mit den kommunizierten Inhalten der politischen Beteiligung, auch wenn sie anders als instrumentelle Anreize unabhängig vom antizipierten persönlichen Einfluss auf politische Entscheidungen ist (vgl. Brennan und Lomasky 1993: 39-41, Whiteley und Seyd 2002: 52-56). Die aktive Unterstützung bestimmter Policy-Inhalte kann aufgrund einer intrinsischen Motivation selbst dann rational sein, wenn von der persönlichen Beteiligung (z. B. an einer Demonstration oder Unterschriftensammlung) kein substanzieller Effekt erwartet wird. Nach Brennan und Lomasky kann ein psychologischer Nutzen aus dem Einsatz für moralische Überzeugungen und der Loyalität gegenüber bzw. der Identifikation mit bestimmten Gruppen oder politischen Zielen entstehen. Im Vordergrund der Entscheidung stehen dabei häufig internalisierte Normen und ethische Überlegungen, so dass die resultierenden Handlungen eine starke symbolische Komponente beinhalten (vgl. Brennan und Lomasky 1993: 39-41). In vielen Situationen können instrumentelle und expressive Motive eng verbunden sein. Whiteley und Seyd gehen davon aus, dass Bürger aufgrund ihrer Solidarität mit anderen Akteuren oder politischen Gruppen einen Anreiz dazu haben können, sich an kollektiven Anstrengungen zur Beeinflussung politischer Entscheidungen zu beteiligen. In diesen Fällen ist zwar ein Effekt der kollektiven Anstrengungen möglich, die Erfolgswahrscheinlichkeit dieser kollektiven Bemühungen sollte in vielen Fällen aber unabhängig von der Beteiligung individueller Bürger sein. Aufgrund expressiver Nutzenorientierungen kann die Partizipationsentscheidung trotzdem rational sein, weil die Bürger aus subjektiver Sicht eine moralische Pflicht erfüllen oder einen persönlichen Beitrag für die Erreichung politischer Ziele leisten (vgl. Verba et al. 1995: 109, Whiteley und Seyd 2002: 52-56).[18]

Expressive Partizipationsmotive mit Policy-Bezug können daher zur öffentlichen Unterstützung einer als „richtig“ eingestuften Policy-Position oder zur Artikulation der Ablehnung einer „falschen“ politischen Entscheidung führen, so dass ebenso wie bei instrumentellen Motiven die Wahrnehmung unterschiedlich wünschenswerter politischer Alternativen vorausgesetzt werden muss. Auch der Policy-bezogene expressive Partizipationsnutzen sollte daher umso größer sein, je unterschiedlicher die verfügbaren politischen Alternativen bewertet werden. Anders als bei instrumentellen Erwägungen spielt dagegen die wahrgenommene individuelle Wirksamkeit keine Rolle. Zusammenfassend kann festgehalten werden, dass auch expressive Orientierungen im direkten Zusammenhang mit den Policy-Inhalten der betreffenden politischen Entscheidung stehen, obwohl nicht unmittelbar mit einem persönlichen Einfluss auf diese Entscheidung gerechnet wird.

---

18 Verba et al. sprechen dabei von „selective civic gratifications“ (Verba et al. 1995: 109). Auch die von Whiteley und Seyd aufgeführten ideologischen Anreize und Gruppenmotivationen können zu dieser Gruppe von Motiven gezählt werden (vgl. Whiteley und Seyd 2002: 52-56).

Auf expressive Motive ohne Bezug zu politischen Inhalten beziehen sich hingegen Kaase und Barnes, die auch von hedonistischem Verhalten sowie einer „orientation toward political action without political motivation" (Kaase und Barnes 1979: 527) sprechen.[19] Positiver Nutzen kann hierbei alleine aus der Möglichkeit der politischen Aktivität oder des öffentlichen Auftretens (eventuell in Gemeinschaft mit anderen Bürgern) resultieren: „[f]or some people, the political process is interesting and stimulating in itself, regardless of the outcomes or goals" (Whiteley und Seyd 2002: 52). Auch Verba et al. nennen mit den „selective social gratifications" (Verba et al. 1995: 109) eine Form von Partizipationsnutzen ohne Policy-Bezug, der aus einer Kooperation mit anderen Partizipanten im Rahmen der politischen Beteiligung entstehen kann (vgl. Verba et al. 1995: 109).

Nach der in Abschnitt 2.1 vorgestellten Definition werden solche Tätigkeiten als politische Partizipation bezeichnet, die auf die Beeinflussung politischer Entscheidungen ausgerichtet sind. Sofern sich ein Bürger alleine aufgrund expressiver Motive ohne Policy-Bezug zur Nutzung einer Beteiligungsform entscheidet, kann diese Aktivität demnach streng genommen nicht als politische Partizipation eingestuft werden.[20]

Aus theoretischer Sicht ist aber anzunehmen, dass bei den meisten Partizipationsentscheidungen eine Mischung verschiedener Motive vorliegt. Im Vordergrund sollten dabei die beiden erstgenannten Orientierungen stehen, also instrumentelle sowie expressive Nutzen mit Policy-Bezug. So könnten beispielsweise instrumentelle Erwägungen durch den Wunsch ergänzt werden, die eigenen politischen Überzeugungen öffentlich zu artikulieren. Diese Annahme wird auch durch die Ergebnisse einer Befragung politischer Aktivisten in den USA durch Verba et al. gestützt, wonach als häufigste Gründe für die Beteiligung am politischen Entscheidungsprozess einerseits das Ziel einer Beeinflussung politischer Inhalte und andererseits der Wunsch genannt wurde, sich in den Dienst der Gesellschaft zu stellen bzw. eine bürgerliche Pflicht zu erfüllen (vgl. Verba et al. 1995: 113-121).

Für die beiden Formen Policy-bezogener Motive verspricht eine Partizipation nur dann einen positiven Nutzen, wenn klare inhaltliche Präferenzen bezüglich der jeweils relevanten politischen Inhalte existieren. Die von Verba et al. als vierte unabhängige Variable einbezogenen Issue-Orientierungen beziehen sich genau auf diese inhaltlichen Präferenzen der Bürger und stellen damit eigentlich eine zentrale Determinante politischer Partizipation dar. Allerdings sollten sie sich aus

19 Whiteley und Seyd bezeichnen diese Motive hingegen allgemeiner als „process incentives" (Whiteley und Seyd 2002: 52).

20 Noch eindeutiger gilt dies für selektive materielle Anreize als weiteren Typ denkbarer Partizipationsmotive. Verba et al. zählen zu diesen z. B. die Hoffnung, infolge einer politischen Beteiligung berufliche oder private Vorteile zu erlangen, die nicht im Zusammenhang mit politischen Vorgängen zusammenhängen (vgl. Verba et al. 1995: 109).

theoretischer Sicht nur auf solche politische Aktivitäten beziehen, die in enger Verbindung mit dem jeweiligen Policy-Bereich (z. B. Abtreibungspolitik) stehen. Für die generelle, themenunabhängige Nutzung von Mitwirkungsmöglichkeiten ist eine konkrete Issue-Orientierung dagegen irrelevant. Empirische Untersuchungen bestätigen den ausschließlich themenabhängigen Einfluss konkreter inhaltlicher Präferenzen (vgl. Verba und Brody 1970, Verba et al. 1995: 395-404). Für empirische Untersuchungen stellt diese Einschränkung häufig ein Problem dar, selbst wenn relevante inhaltliche Einstellungen erhoben wurden. So kann z. B. für die Befragten des European Social Survey nur allgemein festgestellt werden, ob sie sich an einer genehmigten Demonstration beteiligt haben, während über den inhaltlichen Policy-Bezug der betreffenden Demonstration keine Informationen zur Verfügung stehen.

Ein hohes generelles Partizipationsniveau sollten demnach Bürger aufweisen, die in vielen Policy-Bereichen über klare inhaltliche Präferenzen verfügen und die relevanten politischen Alternativen unterschiedlich bewerten. Eine Quelle solcher Issue-Orientierungen kann die persönliche Betroffenheit von einer konkreten gesetzlichen Regelung sein (vgl. Verba et al. 1995: 392). Darüber hinaus ist aber auch anzunehmen, dass politisch stark involvierte Bürger zu einer wesentlich größeren Zahl politischer Bereiche eigene Präferenzen entwickeln als weniger involvierte Personen.

Das allgemeine politische Interesse eines Bürgers beschreibt, wie intensiv ein Bürger das politische Geschehen verfolgt. Je interessierter ein Akteur an politischen Vorgängen ist, umso bereitwilliger und intensiver wird er sich mit diesen beschäftigen und umso höher ist die Wahrscheinlichkeit, dass er die verschiedenen diskutierten Policy-Positionen zu einer konkreten politischen Sachfrage kennt. Daher ist mit steigendem politischem Interesse auch eine häufigere Herausbildung von Policy-Präferenzen zu erwarten. Die subjektive politische Kompetenz (*internal efficacy*) bezieht sich auf die subjektive Einschätzung eines Bürgers, wie gut er politische Zusammenhänge versteht, wie leicht ihm das Verfolgen und die korrekte Interpretation politischer Vorgänge und das Vertreten eigener politischer Überzeugungen fällt. Sie umfasst damit sowohl die wahrgenommene Kompetenz des passiven Verfolgens politischer Vorgänge als auch die Einschätzung des individuellen Vermögens, in angemessener Weise politisch aktiv zu werden. Personen mit einer hohen Einschätzung ihrer politischen Kompetenz sollten sich dazu in der Lage fühlen, eine (aus subjektiver Sicht) sinnvolle Bewertung inhaltlicher Vorschläge vorzunehmen und klare Policy-Präferenzen zu vielen Themen auszubilden. Insbesondere sollte mit der politischen Kompetenz im Allgemeinen auch die Sicherheit und Klarheit inhaltlicher Rangordnungen steigen. Ähnlich lässt sich auch für die politische Informiertheit eines Bürgers argumentieren. Je besser dessen Kenntnisse über das eigene politische System sind, desto leichter sollte ihm die Verarbeitung und Bewertung kontroverser politischer Diskussionen und Entscheidungen fallen. Ähnlich wie diese von Verba et al. (1995) verwendeten Faktoren sollten auch weitere Variablen wie die subjektive Wichtigkeit und Salienz der Politik, die Häufigkeit politischer Diskussionen, der Konsum politischer Medieninhalte oder bestimmte demokratische Werte und Normen wirken, die von einigen Autoren ebenfalls dem Konzept der politischen Involvierung zugeordnet werden (vgl. etwa Milbrath und Goel 1977, van Deth 2004, van Deth 2008).

Von den bisher genannten Einstellungen der politischen Involvierung unterscheidet sich die Stärke der Parteiidentifikation dadurch, dass sie sich nicht generell auf das politische System bezieht, sondern nur auf eine Gruppe von Akteuren.[21] Offensichtlich ist die zentrale Bedeutung von Parteibindungen für alle Formen indirekter Partizipation, die auf die mittelbare Beeinflussung politischer Entscheidungen durch die Auswahl der bevorzugten Entscheidungsträger ausgerichtet sind. Auch darüber hinaus kann die Identifikation mit einer politischen Partei aber als „Wahrnehmungsfilter" (Falter et al. 2000: 237) wirken, der die individuelle Verarbeitung und Bewertung politischer Vorgänge erheblich beeinflusst. In Anlehnung an das sozialpsychologische Modell zur Erklärung des Wahlverhaltens kann davon ausgegangen werden, dass insbesondere die Herausbildung klarer Issue-Orientierungen, die für alle Formen direkter Partizipation von zentraler Bedeutung sind, durch die Identifikation mit einer politischen Partei begünstigt wird (vgl. Campbell et al. 1960: 129-136). Parteien informieren die Bürger über politische Entscheidungen und lenken die öffentliche Aufmerksamkeit auf spezifische Policy-Bereiche. Zudem entwickeln sie detaillierte inhaltliche Positionen zu den relevanten Policy-Bereichen und versorgen die Bürger mit Argumenten zur Bewertung der verfügbaren politischen Alternativen. Überzeugte Parteianhänger können sich bei der Entwicklung eigener Issue-Orientierungen an den Empfehlungen ihrer Partei als „key information short-cut" (Dalton und Wattenberg 2004: 6) orientieren, was eine deutliche Vereinfachung der komplexen politischen Zusammenhänge ermöglicht (vgl. z. B. Falter et al. 2000: 237, Rattinger 2002: 319). Auch zu inhaltlichen Forderungen, die nicht von den Parteien selbst entwickelt wurden, nehmen die Parteien Stellung und schließen sich diesen entweder an oder lehnen sie ab. Zudem informieren Parteien über die Vereinbarkeit spezifischer politischer Vorhaben mit Zielsetzungen in anderen Politikbereichen und wirken so auf die Herausbildung in sich konsistenter Issue-Orientierungen hin. Auch im Zusammenhang mit politischer Mobilisierung spielen politische Parteien eine zentrale Rolle, die beispielsweise konkrete Empfehlungen über die Beteiligung an einzelnen politischen Aktivitäten (z. B. Unterschriftensammlungen oder Demonstrationen) umfassen kann (vgl. z. B. Dalton und Wattenberg 2004: 5-9; siehe auch Campbell et al. 1960, Dalton 2005). Angesichts der starken Strukturierung des politischen Geschehens durch Parteien ist

---

21 Siehe grundlegend zum Konzept und zu den Wirkungen der Parteiidentifikation Campbell et al. (1960: 120-145); für aktuelle Überblicke zur Diskussion über dieses Konzept z. B. Falter et al. (2000) sowie Schoen und Weins (2005: 206-225).

davon auszugehen, dass überzeugten Parteianhängern die Herausbildung inhaltlicher Policy-Präferenzen zu einer großen Zahl unterschiedlicher Policy-Bereiche leichter fällt als Bürgern, die sich mit keiner politischen Partei identifizieren.

Festgehalten werden kann demnach, dass die Existenz von Issue-Orientierungen wesentlich von der Stärke politischer Involvierung abhängen sollte. Folglich sollten die verschiedenen Involvierungseinstellungen auch einen starken Einfluss auf den inhaltsbezogenen Nutzen politischer Partizipation haben. Zu erwarten ist, dass Bürger mit sehr geringer Involvierung (wenn überhaupt) nur zu wenigen politischen Sachfragen inhaltliche Präferenzen aufweisen und deshalb auch nur einen geringen Policy-bezogenen Nutzen aus ihrer Partizipation ziehen können. Sofern ein Bürger klare Policy-Präferenzen zu einer konkreten Sachfrage aufweist, also die Bedingung für einen inhaltsbezogenen Nutzen erfüllt ist, könnte eine starke politische Involvierung zudem die Entscheidung für eine Partizipation erleichtern, da politische Beteiligung mit steigender psychologischer Einbindung in das politische System zunehmend als verfügbare und nahe liegende Handlungsoption wahrgenommen werden dürfte. Im Fall instrumenteller Motive spielt zudem die wahrgenommene Erfolgswahrscheinlichkeit der Beteiligung eine Rolle, die vor allem von der subjektiven politischen Kompetenz abhängen dürfte. Wie von Verba et al. (1995) postuliert, sollte die Höhe des zu erwartenden Partizipationsnutzens daher stark vom Gesamtniveau der politischen Involvierung beeinflusst werden.

Als dritte Alternative werden expressive Motive ohne Bezug zu politischen Inhalten berücksichtigt. Wenn diese Art von Motivation im Vordergrund steht, sollte die Existenz von klaren Policy-Präferenzen keine Bedeutung haben. Denkbar wäre auch hier ein Einfluss der generellen politischen Involvierung. Zentraler scheinen aber individuelle Vorlieben und Orientierungen zu sein, die unabhängig von politischen Einstellungen sein dürften. Allerdings könnten auch bestimmte Normen wie die Einschätzung der Wahlbeteiligung als grundsätzliche Bürgerpflicht zu einer Beteiligung von Akteuren führen, die an den Inhalten der Partizipation kein Interesse haben. Allgemein können für dieses Partizipationsmotiv weniger eindeutige Einflüsse der erklärenden Variablen des *Civic Voluntarism Model* abgeleitet werden als für die beiden Formen Policy-bezogener Motive.

4.3 Der konditionale Einfluss formaler Bildung

Bürger müssen über ein Mindestmaß an partizipationsrelevanten Ressourcen verfügen, um sich politisch beteiligen zu können. Darüber hinaus bestimmt die Ressourcenausstattung, wie hoch der im Rahmen der Partizipation entstehende Aufwand ist. Daher erwarten Verba et al. (1995) von individuellen Ressourcen einen positiven Einfluss auf individuelle Partizipationsentscheidungen. Auch Ajzen geht davon aus, dass die individuellen Ressourcen eines Bürgers eine Bedeutung für dessen Verhalten haben, da sie die wahrgenommene Handlungskontrolle beeinflussen (vgl. Ajzen 1988: 128-129). Fraglich ist jedoch, ob dieser positive Effekt unter allen Umständen gilt oder durch andere Individualvariablen moderiert wird. Die folgende Argumentation bezieht sich hauptsächlich auf *civic skills*, die relevanten kommunikativen und organisatorischen Fähigkeiten, die vor allem durch die formale Bildung eines Akteurs beeinflusst werden. In empirischen Studien haben sich diese – insbesondere in europäischen Staaten – als erklärungskräftigste Ressource erwiesen, die zudem für alle Partizipationsformen von Bedeutung ist. Für die beiden anderen Ressourcen (Zeit und Geld) konnte ein signifikanter Einfluss dagegen entweder nur für einzelne Aktivitätsformen (politische Spenden im Falle des finanziellen Budgets) oder überhaupt nicht festgestellt werden (vgl. Verba et al. 1995, Lüdemann 2001, Gabriel 2004). Im Prinzip lassen sich die folgenden Argumente aber auch auf den Effekt zunehmender monetärer und zeitlicher Ressourcen übertragen.

Bürger können ihre begrenzten individuellen Ressourcen nicht nur für die politische Beteiligung nutzen, sondern auch im Rahmen vieler anderer Aktivitäten nutzensteigernd einsetzen (vgl. Verba et al. 1995: 343, siehe auch Whiteley und Seyd 2002: 40). Beispielsweise erleichtern zunehmende *civic skills* auch die Beteiligung an anderen gesellschaftlichen Organisationen, die keinen politischen Bezug aufweisen. Ebenso können zusätzliche *civic skills* für private Interessen eingesetzt werden. Im Falle zunehmender Ressourcen stehen Bürgern daher verschiedene Einsatzmöglichkeiten zur Verfügung. Eine Ausweitung politischer Beteiligung kann nur dann eine rationale Entscheidung darstellen, wenn hierdurch ein größerer Nutzen generiert werden kann als durch andere Aktivitäten. Ansteigende *civic skills* sollten demnach nur dann einen positiven Effekt auf das Partizipationsniveau eines Bürgers haben, wenn dieser (mindestens) eines der oben aufgeführten Partizipationsmotive aufweist und die politische Aktivität daher positiv bewertet.

Diese Bedingung kann erfüllt sein, wenn ein Akteur über klare Policy-Präferenzen bezüglich des jeweils relevanten Politikbereichs verfügt und demnach aus der öffentlichen Artikulation seiner politischen Vorstellungen einen inhaltsbezogenen (instrumentellen oder expressiven) Nutzen ziehen kann. Die Ausweitung politischer Beteiligung kann sich aber auch lohnen, weil der Akteur grundsätzlich und unabhängig von konkreten politischen Inhalten an einer politischen Mitwirkung interessiert ist – etwa aufgrund partizipativer Normen und der Vorstellung, durch die politische Aktivität eine Bürgerpflicht zu erfüllen. Beide Motive sollten durch eine hohe politische Involvierung hervorgerufen oder verstärkt werden. Zwar können auch politisch weitgehend uninteressierte Bürger die politischen Alternativen bezüglich einer konkreten Sachfrage unterschiedlich bewerten, mit zunehmender politischer Involvierung sollten aber klare inhaltliche Präferenzen zu immer mehr Policy-Bereichen ausgebildet werden. Stärker involvierte Menschen werden zudem die persönliche Bedeutung politischer Vorgänge im Allgemeinen höher einschätzen, die Möglichkeit einer politischen Aktivität sollte für sie naheliegender sein und positiver bewertet werden. Wenn die politische Beteiligung aber einen hohen Aufwand verursacht, können die Kosten der Partizipation gegen über ihrem Nutzen überwiegen. Da der individuelle Aufwand mit steigender Ressourcenausstattung zurückgeht, ist bei Bürgern mit hoher politischer Involvierung – wie von Verba et al. (1995) postuliert – von einem positiven Effekt der *civic skills* auf das individuelle Partizipationsverhalten auszugehen.

Bürger ohne politisches Interesse, mit einer geringen politischen Kompetenz und ohne Parteibindung werden dagegen den Vorgängen auf der politischen Bühne höchstens oberflächlich folgen und sich zu aktuellen politischen Entscheidungen nur selten eine klare eigene Meinung bilden, sofern sie die anstehende Entscheidung und die öffentlich diskutierten Alternativen überhaupt wahrnehmen. Selbst wenn sie in einem Politikbereich über Präferenzen verfügen, werden politisch wenig involvierte Personen den politischen Entscheidungen im Allgemeinen nur eine geringe Relevanz für das eigene Leben zuweisen und nur ein geringes Interesse an einer persönlichen Mitwirkung am Willensbildungsprozess haben.[22] Geht man davon aus, dass eine politische Partizipation selbst Akteuren mit hoher Ressourcenausstattung einen wahrnehmbaren (in vielen Fällen einen erheblichen) Aufwand bereitet, so werden Bürger mit niedriger politischer Involvierung nur in wenigen Fällen entsprechende Handlungsintentionen entwickeln und sie noch seltener umsetzen. Für solche Bürger ist demnach kein oder nur ein sehr geringer Effekt der Ressourcenausstattung zu erwarten. Politische Involvierung kann daher tatsächlich als notwendige Bedingung oder Voraussetzung politischer Partizipation interpretiert werden (vgl. Verba et al. 1995, Maier 2005: 51).

Aus theoretischer Perspektive muss folglich von konditionalen Effekten der Ressourcenausstattung ausgegangen werden. Ein positiver Einfluss auf das Partizipationsniveau eines Bürgers ist nur dann plausibel, wenn dieser stark politisch involviert ist – andernfalls ist kein Kausalzusammenhang zu erwarten. Dabei sind grundsätzlich zwei verschiedene Formen des moderierenden Effekts politischer Involvierung denkbar. Erstens könnte es ein mindestens notwendiges Involvierungsniveau geben, unterhalb dessen kein Zusammenhang zwischen Ressourcen und Partizipation existiert und oberhalb dessen ein konstanter positiver Einfluss ausgeübt wird. Zweitens wäre es möglich, dass der positive Effekt der Ressourcen mit dem Niveau der politischen Involvierung allmählich ansteigt (z. B. linear). Plausibel erscheint, dass mit zunehmender politischer Involvierung allmählich die Menge der Policy-Bereiche ansteigt, zu denen ein Akteur klare inhaltliche Präferenzen aufweist. Ebenso sollte eine steigende Involvierung auch eine kontinuierlich größer werdende subjektive Bedeutung politischer Vorgänge implizieren. Demnach ist eher damit zu rechnen, dass eine zunehmende Involvierung zu einem allmählich größer werdenden Ressourceneinfluss führt.

---

22 Eine Ausnahme kann im Fall der direkten persönlichen Betroffenheit von einer politischen Regelung (z. B. im Fall von Sozialleistungsempfängern) vorliegen.

4.4 Der konditionale Einfluss gesellschaftlicher Netzwerke

In der Literatur werden verschiedene Argumente für den vielfach festgestellten Zusammenhang zwischen der Einbindung in gesellschaftliche Netzwerke und politischer Beteiligung diskutiert (vgl. z. B. Schlozman 2002: 435, McClurg 2003: 450, Kwak et al. 2004: 644, Gabriel 2004: 326-327). Die meisten dieser Argumente können dabei zwei verschiedenen Wirkungsbereichen zugeordnet werden. Erstens sollte die gesellschaftliche Einbindung eines Bürgers die Partizipationskosten beeinflussen, da sie seine individuelle Ressourcenausstattung fördert oder selbst eine spezielle Ressource darstellt. Verba et al. (1995) betonen vor allem die Bedeutung gesellschaftlicher Organisationen bei der (Weiter-)Entwicklung von *civic skills* im Erwachsenenalter. In der Sozialkapitalforschung wird argumentiert, dass die Mitgliedschaft in gesellschaftlichen Organisationen zur Ausbildung von Normen der Reziprozität, zu einem höheren interpersonellen Vertrauen und der Entwicklung eines stärkeren Gemeinschaftsgefühls führt und damit die Kooperation von Bürgern erleichtert. Da viele Formen politischer Partizipation nicht isoliert, sondern gemeinsam mit anderen Bürgern ausgeübt werden oder erst durch die Kooperation vieler Akteure ihre volle Wirksamkeit entfalten, sollte steigendes individuelles Sozialkapital den wahrgenommenen Aufwand politischer Beteiligung verringern (vgl. z. B. Putnam et al. 1993: 167-175, Kwak et al. 2004: 244-245).

Zweitens sollten gesellschaftlich eingebundene Bürger deutlich mehr politischen Informationen und politischen Stimuli ausgesetzt sein als weniger eingebundene Personen. Diskussionen über politische Themen und Vorgänge vermitteln Informationen über anstehende politische Entscheidungen und mögliche politische Alternativen, aber auch über konkrete Mitwirkungsmöglichkeiten (z.B. über Termine und Orte geplanter Demonstrationen, über Unterschriftensammlungen etc.).[23] In besonders konzentrierter Form – zudem teilweise verbunden mit psychologischen Handlungsanreizen – werden diese Informationen durch gezielte politische Rekrutierungsversuche übermittelt, die in gesellschaftlichen Organisationen stattfinden können (vgl. z. B. Verba et al. 1995: 372-377, McClurg 2003: 450-451).

In der Literatur wird für beide Kausalpfade ein allgemeiner positiver Einfluss auf politische Beteiligung angenommen. Wie bei den Ressourcen sind aber auch hier konditionale Effekte denkbar, die ebenfalls von der politischen Involvierung mo-

23 Die Häufigkeit und Intensität solcher politischer Stimuli sollte dabei stark mit dem Typ des gesellschaftlichen Netzwerks variieren; beispielsweise dürften in kulturellen oder karikativen Organisationen wesentlich mehr politisch relevante Informationen vermittelt werden als in Sportvereinen. Da in der dritten Welle des European Social Survey keine Differenzierung gesellschaftlicher Netzwerke vorgenommen wurde, kann diese Vermutung leider nicht überprüft werden.

deriert werden. Für die erste genannte Wirkung der Mitgliedschaft in gesellschaftlichen Organisationen lassen sich die Argumente aus dem vorangegangenen Abschnitt direkt übertragen. Sofern Aufwand und Kosten der Partizipation mit zunehmender gesellschaftlicher Einbindung sinken, sollte dies nur bei Bürgern mit starker politischer Involvierung zu einer Ausweitung der politischen Aktivität führen. Bürger ohne jegliches Interesse an politischen Vorgängen und ohne klare inhaltliche Präferenzen bezüglich anstehender politischer Entscheidungen sollten sich hingegen auch dann nicht beteiligen, wenn die Partizipation ihnen aufgrund ihrer gesellschaftlichen Einbindung nur relativ geringen Aufwand bereiten würde.

Zudem lassen empirische Studien vermuten, dass auch die Stärke des Informationseffekts von der politischen Involvierung eines Bürgers abhängt. Im Sinne einer selektiven Wahrnehmung kann angenommen werden, dass politisch wenig interessierte Bürger Informationen über politische Vorgänge seltener wahrnehmen und sich weniger intensiv mit diesen beschäftigen als stärker interessierte Mitbürger. In gesellschaftlichen Netzwerken werden wahrscheinlich auch Bürger, die keines der diskutierten Partizipationsmotive aufweisen, mit Informationen über konkrete Möglichkeiten der politischen Mitwirkung konfrontiert und eventuell sogar zu einer Beteiligung aufgefordert. Sie werden diese politischen Stimuli aber sehr viel seltener als stärker involvierte Personen zum Anlass nehmen, tatsächlich politisch zu partizipieren (vgl. z. B. Milbrath und Goel 1977: 39-40). Für politische Rekrutierung als besonders explizite Form politischer Stimuli zeigen empirische Studien von Brady et al. (1999) sowie Abramson und Claggett (2001), dass diese theoretischen Erwartungen zumindest für die USA zutreffen. Nach ihren Ergebnissen werden Rekrutierungsversuche nicht gleichmäßig an alle Mitglieder gesellschaftlicher Organisationen gerichtet. Vielmehr versuchen Rekrutierer die Chancen einer erfolgreichen Mobilisierung zu maximieren und sprechen daher vor allem Personen mit starker Involvierung und hoher Ressourcenausstattung an. Unter den ausgewählten Zielpersonen ist zudem die Wahrscheinlichkeit einer erfolgreichen Mobilisierung bei Akteuren mit starker politischer Involvierung deutlich höher, obwohl ohnehin vor allem überdurchschnittlich involvierte Bürger angesprochen werden. Zunehmende Involvierung hat demnach einen doppelten Effekt auf politische Rekrutierung: erstens steigt die Wahrscheinlichkeit, als Zielperson eines Mobilisierungsversuchs ausgewählt zu werden, und zweitens erhöht sich die Wahrscheinlichkeit, hierauf mit einer Ausweitung der politischen Aktivität zu reagieren (vgl. Brady et al. 1999: 159-161, Abramson und Claggett 2001: 911-912).

Aus theoretischer Sicht spricht nichts gegen eine Übertragung dieser Erkenntnisse auf andere demokratische Systeme. Für Personen mit sehr niedriger Involvierung ist daher nicht davon auszugehen, dass die Einbindung in gesellschaftliche Netzwerke zu einer deutlich höheren politischen Partizipation führt. Mit zunehmender Involvierung sollte jedoch ein immer größer werdender, positiver Einfluss von der gesellschaftlichen Einbindung ausgehen.[24]

Die empirischen Ergebnisse von Brady et al. (1999) lassen grundsätzlich auch eine Interaktion zwischen der Ressourcenausstattung und der Einbindung in gesellschaftliche Netzwerke möglich erscheinen. So könnten politische Rekrutierungsversuche gezielt an solche Akteure gerichtet werden, die über eine gute Ressourcenausstattung verfügen und sich daher aufgrund niedrigerer Partizipationskosten eher zu einer politischen Aktivität mobilisieren lassen. Während Rekrutierungsversuche durch unbekannte Personen tatsächlich von der Bildung als (relativ) gut beobachtbarer Ressourcenausstattung abhängen, orientieren sich Rekrutierer aus dem näheren Bekanntenkreis jedoch wesentlich stärker an den Einstellungen der politischen Involvierung. Zudem kommen Brady et al. zu dem Ergebnis, dass die Erfolgswahrscheinlichkeit eines politischen Rekrutierungsversuchs – also die Wahrscheinlichkeit einer anschließenden politischen Aktivität – nicht von der individuellen Ressourcenausstattung, sondern ausschließlich von den politischen Einstellungen abhängt (vgl. Brady et al.: 158-160).

Auch McClurg (2003) beschäftigt sich mit dem Zusammenwirken von individuellen Ressourcen und gesellschaftlicher Einbindung, wobei er zu einem gemischten Befund kommt. Einerseits könnte die Mitgliedschaft in gesellschaftlichen Netzwerken zum Aufbau sozialer Ressourcen führen, wodurch die hohen Partizipationskosten von Bürgern mit niedriger Ressourcenausstattung zumindest teilweise kompensiert werden könnten. Der Effekt der Netzwerkeinbindung wäre dementsprechend bei Bürger mit niedrigem Bildungsniveau besonders groß. Andererseits kann aber auch argumentiert werden, dass Personen mit hoher Ressourcenausstattung die Nutzung sozialer Kontakte besonders leicht fallen dürfte, so dass der Effekt gesellschaftlicher Netzwerke bei Personen mit hohem formalem Bildungsgrad am größten sein sollte (vgl. McClurg 2003: 449-451). Angesichts dieser gegensätzlichen Argumente kann die Existenz möglicher Wechselwirkungen zwischen diesen beiden Determinanten der politischen Partizipation zwar nicht ausgeschlossen werden, ist aber aus theoretischer Sicht zumindest nicht eindeutig. Im hier entwickelten, erweiterten Partizipationsmodell und in den folgenden empirischen Untersuchungen erfolgt daher eine Beschränkung auf die beiden Interaktionen zwischen politischer Involvierung auf der einen Seite und formaler Bil-

24 Wie im Fall der Interaktion zwischen formaler Bildung und politischer Involvierung wird auch hier ein allmählicher Anstieg des Effekts gesellschaftlicher Netzwerke angenommen. Weniger plausibel erscheint dagegen die Existenz eines kritischen Involvierungsniveaus, oberhalb dessen von der gesellschaftlichen Einbindung ein konstanter Einfluss und unterhalb dessen kein Einfluss ausgeht (vgl. Abschnitt 4.3).

dung sowie gesellschaftlicher Einbindung auf der anderen Seite, die aus theoretischer Sicht deutlich plausibler erscheinen.[25]

4.5 Der konditionale Einfluss politischer Involvierung

In den beiden vorangegangenen Abschnitten wurde argumentiert, dass die Wirkung von Ressourcen und gesellschaftlichen Netzwerken auf politische Partizipation mit zunehmendem Niveau der politischen Involvierung ansteigen sollte. Wie im folgenden Abschnitt erläutert wird, ist auch die Annahme eines unkonditionalen Einflusses politischer Involvierung nicht plausibel. Aus theoretischer Sicht muss vielmehr davon ausgegangen werden, dass der Involvierungseffekt bei Bürgern mit einem hohen formalen Bildungsgrad und einer starken gesellschaftlichen Einbindung wesentlich größer ist als bei Bürgern mit niedriger Bildung, die nicht in gesellschaftliche Netzwerke eingebunden sind. Die politische Involvierung kann folglich nicht als einzige moderierende Variable des erweiterten Modells verstanden werden, die den Einfluss beider anderen Determinanten politischer Partizipation moderiert. Vielmehr interagieren politische Involvierung einerseits und formale Bildung sowie gesellschaftliche Einbindung andererseits *miteinander*, wobei sich auch als logische Notwendigkeit eine *gegenseitige Abhängigkeit* der Effekte aller beteiligten Variablen ergibt (siehe hierzu grundsätzlich Kam und Franzese 2005: 13-14).

Gemäß der obigen Argumentation können Bürger einen Nutzen aus der politischen Beteiligung ziehen, wenn sie psychologisch stark in das politische System eingebunden sind. Involvierte Bürger werden häufiger klare Präferenzen bezüglich der verfügbaren Politikalternativen wahrnehmen und den politischen Vorgängen eine höhere Bedeutung zuweisen, so dass sie im Sinne von Ajzen und Fishbein über positive Einstellungen hinsichtlich der betreffenden Handlung, also der möglichen Partizipation, verfügen. Aus dem Vorliegen einer positiven Handlungsbewertung bzw. einer Handlungsintention muss jedoch nicht zwangsläufig die Durchführung der betreffenden Aktivität folgen (vgl. Ajzen 1988: 128-132).

Im konkreten Fall hängt die Entscheidung für die Partizipation auch davon ab, wie hoch der dabei entstehende Aufwand ist und wie präsent dem Akteur die konkreten Beteiligungsmöglichkeiten (z. B. eine Demonstration zu der konkreten politischen Sachfrage) sind. Sehr hohe Partizipationskosten könnten dazu führen,

25 In zusätzlichen empirischen Untersuchungen wurde trotzdem auch diese dritte Wechselwirkung berücksichtigt. Dabei wurden in allen sechs Analyseländer weder statistisch signifikante noch inhaltlich bedeutsame Interaktionen zwischen Bildung und gesellschaftlicher Einbindung festgestellt, während die anderen empirischen Ergebnisse substanziell unverändert blieben. Der Verzicht auf die Modellierung dieser Wechselwirkung bringt daher keine Nachteile, führt aber zu einem geringeren Kollinearitätsniveau und damit auch zu allgemein effizienteren Schätzungen.

dass ein rationaler Akteur sich trotz gegebener Motivation nicht für die Mitwirkung am politischen Prozess entscheidet. Daher liegt die Vermutung nahe, dass eine Mindestausstattung mit relevanten Ressourcen eine notwendige Bedingung für politische Partizipation darstellt (vgl. Verba et al. 1995: 270). Ohne Zweifel erfordert eine politische Spende zumindest den Besitz der betreffenden Geldsumme, ebenso ist die Beteiligung an einer anderen Beteiligungsform nicht ohne ein Mindestmaß an kognitiven Fähigkeiten und an verfügbarer Zeit möglich – unbedingt notwendig ist aber nur eine minimale Ausstattung mit beiden Ressourcen. Betrachtet man als zentrale Ressource *civic skills*, die im Allgemeinen durch das formale Bildungsniveau approximiert werden, so erscheint selbst die Beteiligung von Bürgern mit dem niedrigsten Bildungsniveau grundsätzlich möglich. Demnach kann angenommen werden, dass von der politischen Involvierung über alle Bildungsniveaus hinweg eine positive Wirkung ausgeht. Allerdings wird die politische Beteiligung durchschnittlich einen umso geringeren geistigen und psychologischen Aufwand verursachen, je höher das Bildungsniveau eines Bürgers ist. Die Opportunitätskosten und der individuelle Aufwand im Zusammenhang mit der politischen Aktivität dürften für einen Bürger mit hohen kognitiven und kommunikativen Fähigkeiten so gering sein, dass er sich in den meisten Fällen für eine Beteiligung entscheidet, wenn er über entsprechende Motive verfügt. Gemäß dem *Civic Voluntarism Model* gehen niedrige *civic skills* dagegen mit einem hohen Partizipationsaufwand einher, so dass eine politische Mitwirkung selbst für politisch involvierte Bürger nur in wenigen Fällen rational erscheint. Folglich sollte der positive Involvierungseffekt mit steigendem Bildungsniveau immer größer werden, spiegelbildlich zur ansteigenden Ressourcenwirkung ist also auch hier ein positiver Interaktionseffekt zu erwarten.

Zudem dürfte der Kausalzusammenhang zwischen politischer Involvierung und Partizipation auch durch die gesellschaftliche Einbindung eines Bürgers beeinflusst werden. Die Mitgliedschaft in gesellschaftlichen Netzwerken stellt keine notwendige Voraussetzung politischer Beteiligung dar, mit Sicherheit können und werden sich auch Bürger ohne eine solche Einbindung politisch beteiligen. Trotzdem ist anzunehmen, dass sich die grundsätzliche Motivation zur politischen Beteiligung umso häufiger in entsprechenden Aktivitäten auswirkt, je stärker eine Person in gesellschaftliche Netzwerke integriert ist. Erstens können diese Netzwerke eine Kooperation mit anderen Aktivisten erleichtern und damit ebenfalls die Kosten der Partizipation senken. Zweitens sind gesellschaftlich aktive Bürger wesentlich häufiger und intensiver politischen Stimuli und expliziten Mobilisierungsversuchen ausgesetzt als ihre weniger eingebundenen Mitbürger. Gesellschaftlich engagierte Bürger werden daher über konkrete Mitwirkungsmöglichkeiten besser informiert sein, aufgrund der verschiedenen politischen Stimuli können ihnen die verfügbaren Partizipationschancen präsenter sein. Unter diesen Bedingungen sollten die potentiellen Partizipanten über eine höhere wahrgenommene Handlungskontrolle verfügen, die zu einem stärkeren Zusammenhang zwischen Handlungsintentionen und entsprechenden Handlungen führt (siehe Ajzen 1988: 130-131). Folglich sollte sich unter diesen partizipationsförderlichen Bedingungen auch ein deutlich stärkerer Effekt der politischen Involvierung ergeben.

Zusammengefasst lässt sich also erwarten, dass zunehmende politische Involvierung immer zu einer Ausweitung des Partizipationsniveaus führen sollte; dieser positive Effekt der Involvierung sollte aber umso größer sein, je besser die Ressourcenausstattung und je stärker die gesellschaftliche Einbindung eines Bürgers sind. Analog sollte auch der Einfluss konkreter Issue-Orientierungen auf die politische Beteiligung positiv von den verfügbaren Ressourcen und der gesellschaftlichen Einbindung abhängen, da diese Issue-Orientierungen aus theoretischer Sicht die gleiche, aber deutlich direktere Rolle bei der Erklärung der politischen Partizipation spielen wie die allgemeinen Einstellungen der politischen Involvierung.

4.6 Zusammenfassung des erweiterten Modells

Aus den obigen Abschnitten folgt ein neues Erklärungsmodell, das als erweiterte Version des *Civic Voluntarism Model* verstanden werden kann. Es beinhaltet mit Ressourcen, politischer Involvierung und gesellschaftlichen Netzwerken grundsätzlich die gleichen Determinanten wie das Basismodell von Verba et al. (1995), die aber nicht mehr unabhängig voneinander wirken. Vielmehr werden aufgrund der vorgestellten theoretischen Überlegungen Interaktionen zwischen politischer Involvierung auf der einen Seite und Ressourcen sowie gesellschaftlichen Netzwerken auf der anderen Seite angenommen, so dass man auch von einem „Interaktionsmodell" der politischen Partizipation sprechen könnte. Die beiden letztgenannten Erklärungsfaktoren entfalten eine positive Wirkung auf das Partizipationsverhalten nur unter der Bedingung einer hinreichend großen Involvierung, die entsprechenden Kausalzusammenhänge als zentrale Bestandteile des erweiterten Modells müssen daher konditional formuliert werden. Für die Erklärung allgemeiner politischer Partizipation werden zudem nur noch *civic skills* als relevante Ressource berücksichtigt, während das finanzielle Budget und die frei verfügbare Zeit eines Bürgers im Einklang mit bisherigen empirischen Ergebnissen keinen relevanten Einfluss haben.[26]

Im Zentrum des theoretischen Modells stehen im Gegensatz zum Basismodell nicht mehr Ressourcen, sondern die politische Involvierung der Bürger als notwendige Voraussetzung politischer Beteiligung. Eine Zunahme der Involvierung führt wie im *Civic Voluntarism Model* direkt zu einem Anstieg der individuellen

[26] Das Haushaltseinkommen sollte einen positiven Einfluss auf die Bereitschaft zu politischen Spenden haben. Für alle anderen Partizipationsformen spielt es dagegen als Ressource keine Rolle, weshalb es hier nicht berücksichtigt wird.

Abbildung 2: Kausalpfade im erweiterten Partizipationsmodell

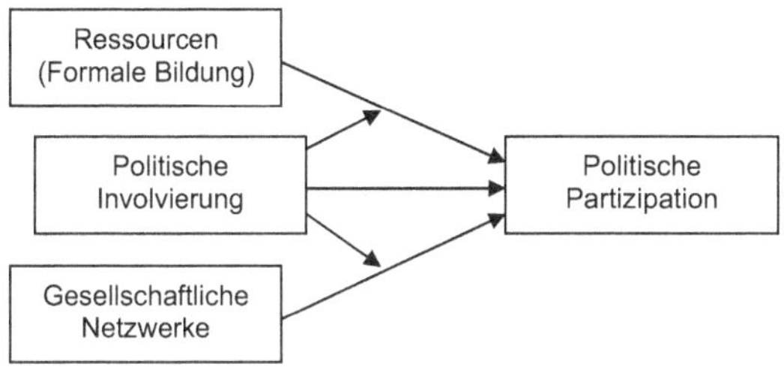

Partizipation. Daneben moderiert das Niveau psychologischer Einbindung in das politische System aber auch die Wirkungen der beiden anderen Determinanten (siehe Abbildung 2).

Bei sehr niedriger Involvierung haben weder die Ressourcenausstattung noch die gesellschaftliche Einbindung einen Einfluss auf die Partizipationsentscheidungen rationaler Akteure. Die Bürger können aus einer Mitwirkung an politischen Entscheidungen keinen Nutzen ziehen und werden sich daher selbst dann nicht beteiligen, wenn sie über eine hohe formale Bildung verfügen und stark in gesellschaftliche Netzwerke eingebunden sind. Im Falle einer starken Involvierung geht von beiden Variablen dagegen ein signifikanter positiver Effekt aus (siehe Abbildung 3).

Je stärker ein Bürger aufgrund seiner politischen Einstellungen an der Nutzung von Mitwirkungsmöglichkeiten interessiert ist, umso mehr wird er zusätzliche *civic skills* auch tatsächlich für die politische Beteiligung nutzen. Ebenso werden Akteure durch die politischen Stimuli, denen sie in gesellschaftlichen Netzwerken ausgesetzt sind, umso stärker zu einer Aktivität mobilisiert, je höher ihre politische Involvierung ist. Dabei kann kein eigenständiger Effekt der separaten politischen Einstellungen auf die Kausaleffekte von Bildung und Netzwerken angenommen werden, relevant ist vielmehr das Gesamtniveau politischer Involvie-

Abbildung 3: Die konditionalen Effekte von formaler Bildung und gesellschaftlichen Netzwerken

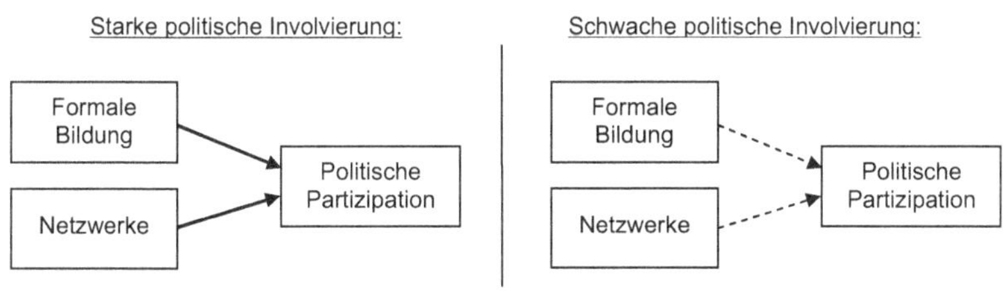

rung als Indikator für den potentiellen individuellen Partizipationsnutzen (mit und ohne Policy-Bezug). Einzelne psychologische Prädispositionen können dabei durch andere Einstellungen ergänzt, aber auch kompensiert werden, so dass ohne Berücksichtigung der anderen Involvierungselemente z. B. bei starken Parteianhängern nicht grundsätzlich ein höherer Bildungseffekt angenommen werden kann als bei Bürgern ohne Parteibindung.

Abbildung 4 zeigt den erwarteten gemeinsamen Effekt von formaler Bildung und politischer Involvierung und illustriert damit das Zusammenwirken der unabhängigen Variablen im erweiterten Partizipationsmodell. Abgebildet ist der angenommene Kausalzusammenhang zwischen formaler Bildung (horizontale Achse) als Indikator für die *civic skills* eines Akteurs und politischer Partizipation (vertikale Achse), wobei zwischen Bürgern mit hoher und niedriger politischer Involvierung unterschieden wird. Die durchgezogene Linie zeigt, dass bei Bürgern mit starker Involvierung ein positiver Einfluss der formalen Bildung erwartet wird; das vorausgesagte Partizipationsniveau steigt mit zunehmender Bildung kontinuierlich an. Im Falle einer geringen politischen Involvierung sollte dagegen ein deutlich geringerer Effekt von der kognitiven Ressourcenausstattung ausgehen. Die gestrichelte Linie zeigt die extremste denkbare Interaktionshypothese, wonach unter dieser Bedingung überhaupt kein kausaler Zusammenhang zwischen Bildung und Partizipation besteht. Zugleich muss zwangsläufig auch der Effekt der politischen Involvierung mit dem Niveau der formalen Bildung variieren, wie Abbildung 4 zeigt. Bei allen Bildungsniveaus partizipieren stark involvierte Bürger häufiger als weniger involvierte Akteure, weshalb die durchgezogene Linie im gesamten Bereich oberhalb der gestrichelten Linie liegt. Der partizipationsfördernde Effekt zunehmender Involvierung, der am vertikalen Abstand beider Linien abgelesen werden kann, ist aber umso größer, je höher ein Bürger formal gebildet ist (siehe Abbildung 4).

Abbildung 4: Das theoretische Zusammenwirken von formaler Bildung und politischer Involvierung

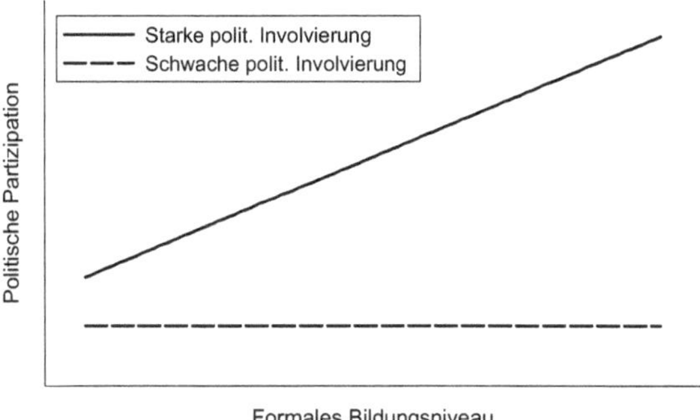

Abbildung 5 illustriert das theoretisch angenommene Zusammenwirken politischer Involvierung und formaler Bildung aus verändertem Blickwinkel. Die Variation der Perspektive verdeutlicht dabei auch noch einmal die erwarteten Unterschiede zwischen den Effekten dieser beiden unabhängigen Variablen. Auch in Abbildung 5 kann das erwartete Partizipationsniveau auf der Ordinate abgelesen werden. Auf der horizontalen Achse ist aber diesmal die politische Involvierung abgetragen. Die durchgezogene Linie zeigt den erwarteten Zusammenhang zwischen Involvierung und Partizipationsverhalten für Bürger mit hohem Bildungsniveau, die gestrichelte Linie für Personen mit niedrigem Bildungsniveau. Wie an den positiven Steigungen beider Linien zu erkennen ist, wird für beide Personengruppen ein positiver Effekt politischer Involvierung angenommen. Allerdings sollte dieser Involvierungseffekt bei Bürgern mit hohem Bildungsgrad deutlich größer sein, wie das steilere Anstiegsmaß der durchgezogenen Linie verdeutlicht. Im Gegensatz zur vorherigen Abbildung lässt sich die Bedeutung des Bildungsniveaus nun am vertikalen Abstand beider Linien ablesen, der mit zunehmender Involvierung immer größer wird. Bei sehr niedriger Involvierung berühren sich beide Linien, da der formale Bildungsgrad unter diesen Umständen aus theoretischer Sicht keinen Einfluss auf das individuelle Partizipationsverhalten haben sollte (siehe Abbildung 5).

Das erwartete Zusammenwirken von politischer Involvierung und gesellschaftlichen Netzwerken kann analog illustriert werden, indem entweder die Wirkung gesellschaftlicher Einbindung für zwei verschiedene Involvierungsniveaus oder die Wirkung der politischen Involvierung für zwei verschiedene Niveaus der Netzwerk-Einbindung dargestellt wird. Dabei würden sich exakt die gleichen Darstellungen wie in den Abbildungen 4 und 5 ergeben, da auch ein positiver Netzwerkeffekt nur für den Fall einer hinreichenden politischen Involvierung

Abbildung 5: Das theoretische Zusammenwirken von politischer Involvierung und formaler Bildung

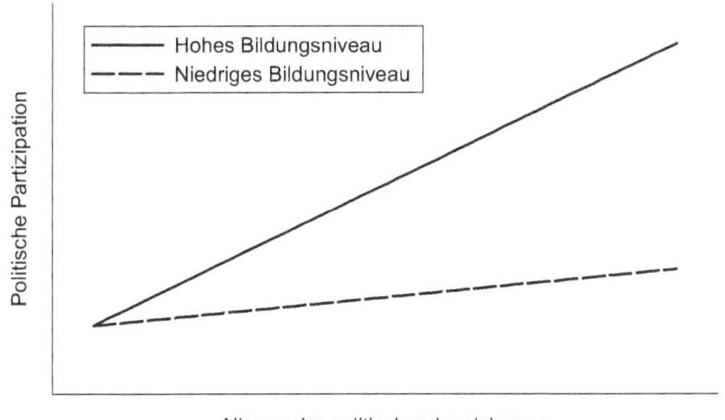

plausibel erscheint. Zudem wird auch bei dem niedrigsten Niveau gesellschaftlicher Einbindung ein positiver Involvierungseffekt auf das Partizipationsverhalten der Bürger erwartet.

Wie im Basismodell von Verba et al. (1995) enthält das erweiterte Modell nur Individualvariablen, die Partizipationsentscheidungen von Bürgern werden mit deren persönlichen Eigenschaften und Einstellungen erklärt. Ohne Zweifel wird die politische Beteiligung der Bevölkerung auch durch Kontextvariablen beeinflusst, die eine bürgerliche Mitwirkung am politischen Entscheidungsprozess an einem bestimmten Ort zu einer bestimmten Zeit fördern oder behindern können. Abgesehen von institutionellen und kulturellen Faktoren ist davon auszugehen, dass Vorgänge auf der nationalen und internationalen Bühne sowie das Verhalten der politischen Elite in hohem Maße bestimmen, ob und wie sich Bürger politisch beteiligen.[27] Der Einfluss von Makrovariablen wird z. B. von Norris (2002), Franklin (2004) sowie Roller und Rudi (2008) untersucht. Letztere berücksichtigen im Rahmen eines Mehrebenen-Modells sowohl Individual- als auch Kontextfaktoren in 19 europäischen Staaten und kommen dabei zu dem Ergebnis, dass der Erklärungsanteil der individuellen Einflussvariablen erheblich größer ist (vgl. Roller und Rudi 2008: 277). Dieser empirische Befund lässt eine Konzentration auf individuelle Erklärungsfaktoren der politischen Partizipation sinnvoll erscheinen. Kontextfaktoren spielen aber zudem eine zentrale Rolle hinsichtlich der möglichen Reichweite solcher Modelle. Das hier entwickelte Partizipationsmodell erhebt ebenso wie das ursprüngliche *Civic Voluntarism Model* den Anspruch, politische Beteiligung prinzipiell in allen demokratischen Systemen erklären zu können. Die angenommenen Interaktionen zwischen den unabhängigen Variablen sollten vor dem Hintergrund verschiedenster institutioneller und kultureller Faktoren wirken, solange politische Partizipation durch die Bürger eines Staates ungefähr gleich verstanden wird. Die Übertragbarkeit der theoretischen Argumente scheint nur sinnvoll, wenn die Bürger politische Partizipation als legale und legitime Aktivität einschätzen und auch für sich persönlich als grundsätzlich mögliche Handlungsalternative einstufen, was erheblich von verschiedenen Kontextfaktoren abhängen sollte.

27 Vor allem dürften politische Aktivitäten der Bürger von den Themen abhängen, die jeweils ganz oben auf der politischen Agenda stehen und die allgemeine politische bzw. gesellschaftliche Diskussion beherrschen. Sehr deutlich wurde dieser Kontexteinfluss z. B. bei den Mahnwachen während des zweiten Golfkrieges 1990-1991 oder bei den Montagsdemonstrationen, die zum Zusammenbruch der DDR führten.

5 Hypothesen

Im folgenden Abschnitt werden die theoretisch abgeleiteten Kausalzusammenhänge des erweiterten Partizipationsmodells in Form einzelner, empirisch prüfbarer Hypothesen formuliert. Die erste Hypothese unterscheidet sich dabei noch nicht vom *Civic Voluntarism Model* (vgl. Verba et al. 1995).[28]

> **Hypothese 1:**
>
> Die politische Partizipation von Bürgern kann durch die Einstellungen der politischen Involvierung, das formale Bildungsniveau als Indikator für verfügbare *civic skills* und die Einbindung in gesellschaftliche Netzwerke erklärt werden.

Die zweite Hypothese stellt dagegen dem einfachen *Civic Voluntarism Model* die hier entwickelte Erweiterung gegenüber. Aufgrund der theoretischen Überlegungen muss angenommen werden, dass die individuellen Partizipationsentscheidungen von Bürgern durch die Berücksichtigung möglicher Interaktionseffekte adäquater erklärt werden können. Dies sollte sich auch in einer höheren empirischen Erklärungskraft des erweiterten Modells manifestieren.

> **Hypothese 2:**
>
> Die Berücksichtigung von Interaktionseffekten zwischen den unabhängigen Variablen führt zu einer umfassenderen und angemesseneren Modellierung politischer Partizipation. Das erweiterte Partizipationsmodell weist daher eine höhere empirische Erklärungskraft auf als das Basismodell von Verba et al. (1995).

Die dritte Hypothese bezieht sich auf die konkreten inhaltlichen und funktionalen Unterschiede zwischen dem *Civic Voluntarism Model* und der hier entwickelten Erweiterung. Angenommen wird, dass politische Involvierung mit beiden anderen zentralen Determinanten politischer Partizipation interagiert.

> **Hypothese 3:**
>
> Zwischen der politischen Involvierung auf der einen Seite und sowohl formaler Bildung als auch gesellschaftlicher Einbindung auf der anderen Seite bestehen inhaltlich bedeutsame und statistisch signifikante Wech-

---

28 Anders als bei Verba et al. (1995) werden aber aufgrund von Datenproblemen zwei Ressourcen (Zeit und Geld) nicht berücksichtigt. Im verwendeten Datensatz treten bei beiden Variablen zahlreiche Antwortausfälle auf, so dass ihre Einbeziehung zu einer massiven Verringerung der zugrundeliegenden Fallzahlen führen würde. Zudem kam eine Reihe empirischer Anwendungen zu dem Ergebnis, dass beide Variablen nur von untergeordneter Bedeutung für die Erklärung des individuellen Partizipationsverhaltens sind (vgl. z. B. Lüdemann 2001, Gabriel 2004).

selwirkungen; das Niveau der politischen Involvierung beeinflusst den Kausaleffekt von formaler Bildung sowie den Kausaleffekt von gesellschaftlichen Netzwerken auf politische Partizipation positiv (und vice versa).

In den Hypothesen 4a und 4b werden die erwarteten konditionalen Effekte der formalen Bildung beschrieben. Hypothese 4a beschreibt dabei die erwartete Richtung des zuvor beschriebenen Interaktionseffekts. Hypothese 4b bezieht sich auf die substanzielle Bedeutsamkeit der angenommenen Interaktion. Zum Zwecke einer möglichst starken Kontrastierung wird jene Form der Interaktion angenommen, bei der sich die größten Unterschiede zum Basismodell von Verba et al. (1995) ergeben. Dabei wird ein Mindestmaß politischer Involvierung als notwendige Voraussetzung politischer Beteiligung verstanden, ohne die sich Ressourcen nicht positiv auf die individuellen Partizipationsentscheidungen auswirken können.

Hypothese 4a:

Der Effekt des formalen Bildungsniveaus auf politische Partizipation wird positiv von der politischen Involvierung eines Bürgers beeinflusst.

Hypothese 4b:

Bei sehr niedriger politischer Involvierung besteht zwischen formalem Bildungsniveau und politischer Partizipation kein empirisch feststellbarer Kausalzusammenhang, während bei hoher politischer Involvierung ein statistisch signifikanter Effekt von der formalen Bildung ausgeht.

Analog ergeben sich die Hypothesen 5a und 5b, die sich auf den konditionalen Einfluss gesellschaftlicher Netzwerke beziehen.

Hypothese 5a:

Der Effekt gesellschaftlicher Einbindung auf politische Partizipation wird positiv von der politischen Involvierung eines Bürgers beeinflusst.

Hypothese 5b:

Bei sehr niedriger politischer Involvierung besteht zwischen der gesellschaftlichen Einbindung und politischer Partizipation kein empirisch feststellbarer Kausalzusammenhang, während bei hoher politischer Involvierung ein statistisch signifikanter Effekt von der Einbindung in gesellschaftliche Netzwerke ausgeht.

Vervollständigt wird das erweiterte Partizipationsmodell durch die Formulierung der erwarteten Wirkungen politischer Involvierung, die sich als Spiegelbild der Hypothesen 4 und 5 ergibt. Der Einfluss der Involvierung hängt seinerseits vom formalen Bildungsniveau und von der Einbindung in gesellschaftliche Netzwerke ab, auch wenn diese keine notwendigen Bedingungen für die Beteiligung an politischen Entscheidungsprozessen darstellen. Hypothese 6b reflektiert die herausgehobene Bedeutung, die politischer Involvierung im hier entwickelten Modell bei der Erklärung politischer Partizipation zukommt.

Hypothese 6a:

Von politischer Involvierung geht ein positiver Einfluss auf das politische Partizipationsniveau eines Bürgers aus, der mit ansteigender formaler Bildung und zunehmender Einbindung in gesellschaftliche Netzwerke immer größer wird.

Hypothese 6b:

Zunehmende politische Involvierung führt unter allen Bedingungen zu einer stärkeren politischen Beteiligung, selbst bei sehr niedriger formaler Bildung oder fehlender Einbindung in gesellschaftliche Netzwerke.

Die letzte Hypothese bezieht sich auf die Reichweite des entwickelten Modells politischer Partizipation mit Wechselwirkungen. In der vorliegenden Arbeit kann sie grundsätzlich nicht abschließend bestätigt werden, eine Falsifikation wäre jedoch anhand der ausgewählten Länder möglich.

Hypothese 7:

Die formulierten Hypothesen 1 bis 6 gelten in allen demokratischen Ländern, in denen politische Partizipation von den Bürgern als legitime Aktivität und mögliche persönliche Handlungsalternative eingeschätzt wird. Insbesondere gelten die Hypothesen und damit auch die höhere Erklärungskraft des erweiterten Partizipationsmodells in allen europäischen und sonstigen westlichen Demokratien.

6 Empirische Analyse

Im folgenden Kapitel wird das Vorgehen bei der Prüfung der zuvor formulierten Hypothesen beschrieben. Die Auswahl eines geeigneten Datensatzes und die Auswahl der Länder, für welche die Gültigkeit des erweiterten Partizipationsmodells exemplarisch getestet werden soll, müssen dabei zwangsläufig gleichzeitig erfolgen und werden im folgenden Abschnitt erläutert. Anschließend werden die Methoden vorgestellt, die in der empirischen Analyse verwendet werden. Im Zentrum steht dabei das linear-interaktive Regressionsmodell, mit dem mögliche Wechselwirkungen zwischen erklärenden Variablen untersucht werden können. Da dieses Modell in der empirischen Politikwissenschaft noch immer relativ selten verwendet wird, sollen seine statistischen Grundlagen kurz erläutert werden. Im Anschluss wird die Operationalisierung der verwendeten Variablen beschrieben.

6.1 Daten- und Länderauswahl

Gemäß Hypothese 7 wird eine Gültigkeit des erweiterten Modells der politischen Partizipation für alle demokratischen Länder erwartet, in denen der politischen Beteiligung eine vergleichbare Bedeutung im Sinne der hier gewählten Definition zukommt (siehe Abschnitt 2.1). Folglich wird auch davon ausgegangen, dass sich die formulierten Interaktionshypothesen für alle betreffenden Länder bestätigen lassen. Um nicht nur zu Rückschlüssen für einen isolierten Sonderfall gelangen zu können, sollen in den empirischen Analysen mehrere Länder mit klaren Unterschieden hinsichtlich potentiell relevanter Kontext-Faktoren berücksichtigt werden. Die Länderauswahl sollte sich demnach soweit möglich am *most different systems design* nach Przeworski und Teune (1970) orientieren (vgl. Przeworski und Teune 1970: 34-39).[29]

Die Festlegung auf zu analysierende Länder erfolgt dabei unter Berücksichtigung der Verfügbarkeit geeigneter Daten. Die optimale Voraussetzung für die vergleichende Analyse mehrerer Länder ist dabei eine möglichst große Einheitlichkeit der verwendeten Daten, die eine sinnvolle Bewertung möglicherweise auftretender Unterschiede deutlich erleichtert. In dieser Arbeit werden Daten aus der aktuellsten Welle des *European Social Survey* (ESS) verwendet, der von vorneherein für international vergleichende Studien konzipiert wurde und seit dem Jahr 2002 in bisher drei Wellen erhoben wurde (vgl. Jowell et al. 2007).[30] Die Durchführung der Studie erfüllt allgemein hohe methodische Anforderungen, auf die Entwick-

29 Die Gültigkeit des vollständigen Erklärungsanspruchs kann im Rahmen dieser Untersuchung nicht umfassend überprüft werden.

30 Die verwendeten Daten können über die Norwegian Social Science Data Services (NSD) bezogen werden.

lung international vergleichbarer Messinstrumente und Frageformulierungen (z. B. für die Messung von Bildungsniveau und Einkommen) wurde ein besonderes Augenmerk gelegt (vgl. Neller 2004, Neller 2006). Die Daten der dritten Welle des ESS wurden zwischen September 2006 und April 2007 in insgesamt 25 Ländern aus allen Teilen Europas erhoben. Die notwendige Beschränkung auf europäische Staaten stellt eine klare Einschränkung hinsichtlich der größtmöglichen Variation der Analysefälle dar, die aber – vor allem angesichts der großen Zahl beteiligter Länder – durch die bessere Vergleichbarkeit der Daten gerechtfertigt werden kann.

Aus den verfügbaren Ländern sollten für die empirischen Analysen politische Systeme ausgewählt werden, die einen möglichst unterschiedlichen politischen und sozioökonomischen Kontext aufweisen. Nach Roller und Rudi (2008) ist aus theoretischer Sicht von einer Reihe von Makrofaktoren ein Einfluss sowohl auf das nationale Partizipationsniveau als auch auf die Wirksamkeit einzelner Determinanten zu erwarten. Unter Berücksichtigung der Ergebnisse entsprechender Makroanalysen führen sie dabei den Grad sozioökonomischer Modernisierung, das Design der politischen Institutionen eines Landes – insbesondere in Bezug auf die Unterscheidung zwischen Mehrheits- und Konsensusdemokratien im Sinne von Lijphart (1999) – und das Sozialkapital (auf Systemebene) auf. Weiterhin ist zu erwarten, dass das politische Verhalten der Bürger von der nationalen politischen Kultur abhängt, die durch gemeinsame kulturelle und politische Erfahrungen sowie zentrale historische Ereignisse geprägt wird. Insbesondere könnten die Gesetzmäßigkeiten des individuellen Partizipationsverhaltens davon beeinflusst werden, wie lange in dem jeweiligen Land bereits ein demokratisches System existiert und wie umfangreiche Erfahrungen die Bürger folglich mit ihren demokratischen Mitwirkungsrechten sowie den entsprechenden politischen Institutionen sammeln konnten.

Für die empirischen Analysen wurden mit Schweden, Frankreich, Spanien und Polen jeweils ein vergleichsweise bevölkerungsreiches Land aus Nord-, West-, Süd- sowie Mittel- und Osteuropa ausgewählt. Weiterhin wird Deutschland berücksichtigt, dessen beide Landesteile aufgrund der historischen Entwicklung lange Zeit die Grenze zwischen West- und Osteuropa darstellten. Die demokratischen Systeme in diesen Ländern unterscheiden sich im Hinblick auf die genannten Kontextfaktoren deutlich (siehe Tabelle 1 auf der folgenden Seite).[31] So vollzogen sich die Übergänge zu demokratischen Systemen im Zusammenhang mit stark differierenden historischen und kulturellen Entwicklungen und liegen unterschiedlich lange zurück. Nach dem Konzept der Demokratisierungswellen von Huntington (1991) fallen Frankreich und Schweden unter die erste Welle. Die

---

[31] Aufgrund des begrenzten Platzes werden in dieser und in allen folgenden Tabellen die international üblichen Länderkürzel für Deutschland (D), Frankreich (F), Polen (PL), Schweden (S) und Spanien (E) verwendet.

Bundesrepublik Deutschland zählt hingegen zu den Ländern der zweiten Demokratisierungswelle im Anschluss an den Zweiten Weltkrieg, während der Systemwechsel in Spanien erst im Zuge der dritten Welle erfolgte. Die kürzeste demokratische Geschichte können Polen und Ostdeutschland aufweisen, in denen die Transition erst Ende der 80er Jahre mit dem Zerfall des Ostblocks begann (vgl. Huntington 1991: 13-24).[32]

Die nationalen politischen Institutionen könnten nach Roller und Rudi (2008) speziell hinsichtlich der Unterscheidung von Mehrheits- und Konsensusdemokratien eine Rolle spielen, weil letztere stärker auf die Einbeziehung möglichst vieler Interessen ausgerichtet sind (vgl. Roller und Rudi 2008: 260; grundlegend Lijphart 1999).

Tabelle 1: Kontext-Faktoren in den ausgewählten Ländern

Land/Region	D (W/O)	F	PL	S	E
Human Development Index	0,935	0,952	0,870	0,956	0,949
Minimal Governmental Index	2	4	3	6	4
Effektive Parteienzahl	3,44	2,13	4,26	4,15	2,50
Anteil Netzwerk-Mitglieder	47,4/43,3	34,1	13,6	31,6	39,5
Jahr der Demokratisierung	* /1990	*	1990	*	1977

Quellen: Human Development Index 2005 (United Nations Development Programme 2007); Minimal Governmental Index (Fuchs 2000); für die Zahl der effektiven Parteien eigene Berechnungen anhand der Sitzanteile der Parteien in den nationalen Parlamenten Ende 2006 (vgl. Laakso und Taagepera 1979, Deutscher Bundestag 2008, Assemblée nationale 2008, Sejm 2008, Sveriges Riksdag 2008, Congreso de los Diputados 2008); für das Sozialkapital auf Systemebene eigene Berechnungen der Anteile gesellschaftlich engagierter Bürgern auf Basis der 3. Welle des European Social Survey. Als Jahr der Demokratisierung wurde jeweils das erste Jahr eingestuft, in dem das betreffende Land auf der fünfstufigen Political Rights-Skala von Freedom House einen Wert von 1 oder 2 erreichte und als „free" eingestuft wurde (vgl. Freedom House 2008). Anmerkung: * Demokratisierung erfolgte vor dem ersten Bericht von Freedom House im Jahr 1973.

32 Über die konkrete Zuordnung der Länder zu den einzelnen Demokratisierungswellen kann kontrovers diskutiert werden. So vollzog sich sowohl in Deutschland als auch in Frankreich der erste Übergang zu einem demokratischen System bereits im Zuge der ersten Demokratisierungswelle, beide Länder unterlagen anschließend aber auch – allerdings in sehr unterschiedlichem Ausmaß – der ersten „reverse wave" (Huntington 1991: 17). Weiterhin zählt Huntington Polen und Ostdeutschland zu den Ländern der dritten Demokratisierungswelle, während Beyme in diesem Zusammenhang von der „vierten Welle der Demokratisierung" (Beyme 1994: 12) spricht (vgl. Huntington 1991: 23-24, Beyme 1994: 12-14).

Die Föderalismus-Unitarismus-Dimension kann dabei mit dem sogenannten *Minimal Governmental Index* gemessen werden (siehe Fuchs 2000). Die politischen Institutionen Schwedens weisen demnach den größten Zentralisierungsgrad auf, während sich das deutsche politische System durch einen starken Föderalismus auszeichnet und die übrigen Staaten im mittleren Bereich eingeordnet werden können. Bei der Betrachtung der Exekutive-Parteien-Dimension ziehen Roller und Rudi den *Laakso-Taagepera-Index* für die Zahl effektiver Parlamentsparteien heran (siehe Laakso und Taagepera 1979). Die Berechnung der effektiven Parteienzahl für das Jahresende 2006 ergibt dabei für Frankreich und Spanien sehr geringe Werte und für Deutschland einen mittleren Wert. In den nationalen Parlamenten Polens und Schwedens sind dagegen relativ viele Parteien vertreten, was eine starke Machtdispersion auf der Exekutive-Parteien-Dimension impliziert (siehe Tabelle 1, vgl. ausführlicher für die politischen Systeme der ausgewählten Länder Rudzio 2000, Ismayr 2003, Kempf 2003, Jahn 2003, Barrios 2003 sowie Ziemer und Matthes 2004).

Der Grad sozioökonomischer Modernisierung kann mit Hilfe des *Human Development Index* gemessen werden, der für jedes Land neben dem Pro-Kopf-Einkommen auch das allgemeine Bildungsniveau und die Lebenserwartung berücksichtigt (vgl. United Nations Development Programme 2007). Eine starke Abweichung von den anderen Staaten zeigt sich dabei vor allem für Polen, das den niedrigsten Wert aufweist. Nach den Einstufungen des HDI ist der Modernisierungsgrad auch in Deutschland geringer als in Schweden, Frankreich und Spanien, für die sehr ähnliche Werte resultieren. Das gleiche Ost-West-Gefälle zeigt sich auch beim Sozialkapital. Der Anteil von Bürgern, die sich auch nur einmal jährlich in Vereinen, Verbänden oder gemeinnützigen Organisationen engagieren, liegt in Polen bei nur 14 Prozent, während Frankreich, Spanien und Schweden Anteile zwischen 30 und 40 Prozent aufweisen. Besonders hoch ist der Anteil gesellschaftlich engagierter Bürger in beiden Teilen Deutschlands, wo sich nach eigenen Angaben fast die Hälfte der Bevölkerung zumindest gelegentlich in gesellschaftlichen Netzwerken einbringt. Erstaunlicherweise zeigen diese Daten im Gegensatz zu früheren Studien kein klares Nord-Süd-Gefälle.[33]

Tabelle 1 deutet vor allem auf einen wichtigen Kontextfaktor hin, der gegen eine gemeinsame Auswertung der alten und der neuen deutschen Bundesländer spricht. Zwischen der Demokratisierung Westdeutschlands und dem Systemwechsel im Osten Deutschlands liegen über vierzig Jahre, was zwangsläufig zu einer unterschiedlichen politischen Sozialisation großer Bevölkerungsgruppen in

---

[33] In der ersten Welle des European Social Survey wurde deutlich detaillierter nach der Beteiligung in einzelnen Formen gesellschaftlicher Netzwerke gefragt. Dabei ergab sich für Spanien ein deutlich niedrigerer und für Schweden ein wesentlich höherer Anteil gesellschaftlich eingebundener Bürger als für Deutschland und Frankreich (vgl. Roller und Rudi 2008: 283).

beiden Landesteilen geführt haben muss. Auch mehr als 15 Jahre nach der deutschen Einheit stellen die sich möglicherweise verringernden, weiterhin bestehenden oder sogar wachsenden Unterschiede der politischen Einstellungen und des politischen Verhaltens zwischen den alten und den neuen Bundesländern sowie die daraus folgenden Implikationen eines der meist untersuchten Forschungsfelder der deutschen Politikwissenschaft dar (siehe exemplarisch Veen 1997, Fuchs et al. 1997, Gabriel 2001, Greiffenhagen und Greiffenhagen 2002, Kornelius und Roth 2004, Gabriel et al. 2005). Angesichts offensichtlicher Unterschiede z. B. im ökonomischen Bereich (Arbeitslosigkeit, Durchschnittseinkommen), aber auch im politischen Bereich (unterschiedliche Wahlerfolge der Linkspartei/PDS) kann nicht a priori davon ausgegangen werden, dass die politische Partizipation von West- und Ostdeutschen den gleichen Gesetzmäßigkeiten unterliegt (siehe hierzu auch z. B. Gabriel 2004: 317-318). Daher werden getrennte Untersuchungen für beide Landesteile durchgeführt, so dass insgesamt sechs Analysefälle ausgewählt wurden. Vorteilhaft erscheint dieses Vorgehen auch angesichts der Zielsetzung, die Gültigkeit der theoretisch erwarteten Zusammenhänge in möglichst allgemeiner Form – also auch für relevante Subpopulationen – zu überprüfen.

Tabelle 2: Fallzahlen in den Analyseländern

Land/Region	Anzahl der Befragten
Westdeutschland	1823
Ostdeutschland	1093
Frankreich	1986
Polen	1721
Schweden	1927
Spanien	1876

Quelle: 3. Welle des European Social Survey.

Insgesamt weisen die ausgewählten Länder hinsichtlich der ausgewählten Kontext-Faktoren klare Unterschiede auf und scheinen daher für die Prüfung allgemein erwarteter Zusammenhänge geeignet. Aufgrund der theoretischen Überlegungen im ersten Teil dieser Arbeit wurden keine spezifischen Hypothesen für die verschiedenen politischen Systeme formuliert; vielmehr wird erwartet, dass die zentralen Determinanten der politischen Partizipation trotz der nationalen und regionalen Unterschiede in allen analysierten Staaten substanziell in der gleichen Art und Weise zusammenwirken, so dass insbesondere in allen Staaten signifikante Interaktionen nachgewiesen werden können (siehe zu diesem Vorgehen Przeworski und Teune 1970: 43-46). Im Rahmen der 3. Welle des European Social Survey wurden in allen Ländern repräsentative Umfragen unter den Bürgern ab einem Alter von 15 Jahren durchgeführt, die jeweils über 1700 Personen umfassen. Ein Oversample von 1093 ostdeutschen Befragten führt dazu, dass auch für getrennte Untersuchungen der beiden deutschen Landesteile ausreichend große Fallzahlen zur Verfügung stehen (siehe Tabelle 2).

6.2 Operationalisierungen

Im theoretischen Teil dieser Arbeit wurden die Erklärungsgrößen allgemeiner politischer Partizipation untersucht, daher sollte die abhängige Variable in den folgenden Analysen so umfassend wie möglich das individuelle politische Partizipationsniveau messen. In der dritten Welle des European Social Survey wurde die Beteiligung an insgesamt fünf Partizipationsformen abgefragt. Neben der Wahlbeteiligung handelt es sich dabei um die Kontaktaufnahme mit einem Politiker oder einer Amtsperson, die Mitarbeit in einer politischen Partei oder Gruppierung, die Beteiligung an einer Unterschriftensammlung sowie die Beteiligung an einer genehmigten Demonstration, die jeweils in dichotomer Form gemessen wurden (siehe Tabelle A1 im Anhang).[34]

Aufgrund theoretischer Überlegungen nimmt die Wahlbeteiligung eine besondere Position ein, die sich auch in wesentlich größeren Beteiligungsraten als bei allen anderen Partizipationsformen widerspiegelt (siehe Abschnitt 2.2). Zudem haben empirische Studien wiederholt bestätigt, dass bei der Erklärung der Stimmabgabe andere Erklärungsfaktoren im Vordergrund stehen als bei den anderen Aktivitäten (vgl. z. B. Verba et al. 1995, Gabriel 2004, Roller und Rudi 2008). Aufgrund dieser Überlegungen erscheint eine Zusammenfassung der Wahlbeteiligung mit den nicht-elektoralen Partizipationsformen in einer umfassenden Partizipationsvariable nicht sinnvoll. Notwendig wäre vielmehr eine separate Analyse des Wahlverhaltens, auf die in dieser Untersuchung jedoch aus Platzgründen verzichtet wird.[35] Die übrigen vier Formen variieren zwar immer noch hinsichtlich ihrer Nutzungshäufigkeit, des nötigen zeitlichen Aufwandes und des transportierten Informationsgehalts, aber zwischen ihnen sind keine grundlegend unterschiedlichen Erklärungszusammenhänge zu erwarten. Auch eine Faktorenanalyse bestätigt diese Erwartung. Für alle Länder wird nur ein Faktor extrahiert, auf dem jedoch nicht alle Partizipationsformen sehr hoch laden (siehe Tabelle 3 auf der folgenden Seite).

---

[34] Weiterhin wurde die Mitgliedschaft in einer anderen Organisation, einem Verband oder einem Verein, der Boykott eines Produktes und das Tragen oder Befestigen eines Abzeichens bzw. Aufklebers einer politischen Kampagne abgefragt. Die ersten beiden Aktivitäten müssen nicht unbedingt auf die Beeinflussung politischer Entscheidungen ausgerichtet sein und die dritte Form kann nur sehr eingeschränkt als Aktivität eingestuft werden, so dass zentrale Definitionsmerkmale politischer Partizipation nicht erfüllt sind. Daher werden diese drei Formen im Folgenden nicht berücksichtigt.

[35] Ebenso stellen politische Spenden eine besondere Beteiligungsform dar, die als einzige Aktivität den unmittelbaren Einsatz finanzieller Mittel erfordern, weshalb sie ebenfalls nicht mit den restlichen politischen Aktivitäten zusammengefasst werden können. In der dritten Welle des ESS wurde diese Form aber ohnehin nicht abgefragt.

Tabelle 3: Faktorenanalyse Partizipationsformen

Land/Region	W-D	O-D	F	PL	S	E
Arbeit in polit. Partei/Gruppe	0,511	0,453	0,364	0,462	0,654	0,538
Kontaktaufnahme	0,568	0,464	0,304	0,468	0,439	0,489
Unterschriftensammlung	0,399	0,441	0,542	0,482	0,223	0,583
Demonstration	0,386	0,415	0,623	0,340	0,337	0,621
Cronbachs Alpha	0,48	0,46	0,49	0,46	0,36	0,63

Anmerkungen: Berechnungen auf Basis der 3. Welle des European Social Survey. Angegeben sind geschätzte Faktorladungen einer Hauptachsen-Faktorenanalyse (mit Kaiser-Kriterium).

Als abhängige Variable wird in den folgenden Analysen daher ein allgemeiner Partizipationsindex gebildet, der für jeden Bürger die Summe der in den zurückliegenden zwölf Monaten durchgeführten Beteiligungsformen misst. Der Wertebereich dieses additiven Indizes liegt zwischen null und vier. Tabelle 4 zeigt die Verteilung des Partizipationsindexes, die in allen Ländern deutlich rechtsschief ist. Während die anderen Staaten relativ ähnliche Niveaus politischer Partizipation aufweisen, fällt für Polen als einziges osteuropäisches Land eine erheblich geringere Beteiligung auf (siehe Tabelle 4 auf der folgenden Seite). Für die folgende Analyse ergibt sich aus dieser Feststellung die sehr interessante Frage, ob die politische Mitwirkung der Bürger in Polen trotz der erheblichen Niveauunterschiede den gleichen individuellen Erklärungszusammenhängen unterliegt wie in den westeuropäischen Staaten oder ob sich grundlegende systematische Unterschiede auch in der Wirkung der unabhängigen Variablen zeigen.

Auf Basis der verfügbaren Daten ist leider keine optimale Messung des Partizipationsniveaus möglich, da erstens ausschließlich die Beteiligung in den letzten zwölf Monaten und zweitens nur die grundsätzliche Nutzung der einzelnen Beteiligungsformen (in dichotomer Form) erhoben wurde. Gerade angesichts der theoretischen Argumentation wäre vor allem eine differenzierte Messung der Häufigkeit politischer Aktivitäten wünschenswert gewesen.[36] Bei der Verwendung des Summenindexes wird davon ausgegangen, dass die Beteiligung an einer höheren Zahl von Partizipationsformen im Allgemeinen auch mit einem höheren Niveau politischer Beteiligung einhergehen sollte.[37]

---

36 Die verwendete Fragestellung erlaubt hingegen keine Unterscheidung von Bürgern, die im vergangenen Jahr ein einziges Mal politisch aktiv wurden, und Personen, die sich im betreffenden Zeitraum mehrfach an einer einzigen Partizipationsform beteiligt haben. Letzteren wird sogar ein niedrigerer Wert zugeordnet als Bürgern, die sich jeweils einmal an zwei verschiedenen Formen beteiligt haben, was aus inhaltlicher Sicht nicht unproblematisch ist.

37 Als Alternative könnte eine dichotome Variable gebildet werden, bei der allen Bürgern, die sich an mindestens einer politischen Aktivität beteiligt haben, einheitlich der Wert 1

Tabelle 4: Verteilung des allgemeinen Partizipationsindexes

Wert	W-D	O-D	F	PL	S	E
0	66,2	59,6	55,9	89,0	48,0	65,3
1	23,1	27,2	27,4	8,1	39,2	19,0
2	8,3	10,0	12,0	2,2	9,3	9,9
3	1,6	2,4	3,8	0,6	3,0	3,9
4	0,9	0,8	1,0	0,1	0,5	1,9
Mittelwert	0,48	0,58	0,67	0,15	0,69	0,58
Std.-Abw.	0,78	0,83	0,90	0,46	0,80	0,95
Fallzahl	1812	1088	1978	1713	1910	1860

Anmerkungen: Berechnungen auf Basis der 3. Welle des European Social Survey. Angegeben sind die prozentualen Anteile der Befragten in der jeweiligen Kategorie.

Auch die unabhängigen Variablen können teilweise nur suboptimal operationalisiert werden, da nicht alle relevanten Variablen im European Social Survey zur Verfügung stehen. Besonders deutlich ist dieses Problem bei den individuellen Ressourcen. Wie in fast allen Studien müssen die *civic skills*, von denen nach Verba et al. (1995) ein direkter Kausaleffekt auf politische Partizipation ausgeht, über das formale Bildungsniveau approximiert werden. Im ESS wird dieses Bildungsniveau mit Hilfe einer siebenstufigen Skala gemessen, die besonders auf internationale Vergleichbarkeit ausgelegt wurde. Das finanzielle Budget eines Bürgers kann zwar über das Haushaltseinkommen gemessen werden, bei dieser Frage verweigerten aber extrem viele Befragte eine Antwort. Das gleiche Problem tritt auch bei einer Frage nach der individuell verfügbaren Zeit auf. Da die Einbeziehung dieser beiden Variablen in den Regressionsanalysen zu einer massiven Verringerung der Fallzahlen führen würde (für Spanien um 46,2 Prozent der Befragten) und frühere Analysen darauf hindeuten, dass ihnen bei der Erklärung politischer Beteiligung in Europa nur eine sehr geringe Bedeutung zukommt, werden Haushaltseinkommen und verfügbare Zeit nicht als erklärende Variable in den empirischen Analysen berücksichtigt.[38]

Bessere Daten stehen zur Messung der politischen Involvierung zur Verfügung. Unter den von Verba et al. (1995) verwendeten Involvierungsvariablen fehlt im ESS nur die politische Informiertheit als Maß für das objektive Wissen eines

zugeordnet wird (vgl. Roller und Rudi 2008). Diese Operationalisierung ermöglicht jedoch keine Messung unterschiedlicher Partizipationsniveaus.

38 In weiteren, nicht tabellarisch ausgewiesenen Regressionsanalysen wurden jedoch sowohl Haushaltseinkommen als auch verfügbare Zeit als zusätzliche erklärende Variablen berücksichtigt. Während die zentralen Ergebnisse dieser Arbeit unverändert blieben, zeigten sich dabei fast durchgehend keine signifikanten Einflüsse dieser beiden Ressourcenvariablen.

Bürgers über das politische System. Dagegen steht eine Frage zur direkten Messung des politischen Interesses zur Verfügung. Die subjektive politische Kompetenz (*internal efficacy*) kann über den Mittelwert von zwei Indikatoren gemessen werden, die sich darauf beziehen, wie leicht dem Befragten das Verstehen politischer Vorgänge sowie die Bildung einer eigenen Meinung zu politischen Themen fällt.[39] Die Stärke einer Parteibindung kann durch die Kombination von zwei Fragen zur Existenz und zur Intensität einer Parteiidentifikation erhoben werden. Der Wert null wurde Personen zugeordnet, die entweder gar keine Parteibindung aufwiesen oder trotz Parteibindung angaben, ihrer Partei überhaupt nicht nahe zu stehen. Für Personen mit stärkerer Parteibindung wurden positive Werte zwischen eins und drei vergeben.

Nachdem theoretisch ein Einfluss des Gesamtniveaus an politischer Involvierung auf die Effekte der Bildung und der gesellschaftlichen Einbindung erwartet wird, muss aus den drei Involvierungseinstellungen eine allgemeine Involvierungsvariable gebildet werden. Hierzu wurden in allen Ländern Faktorenanalysen dieser drei Variablen (politisches Interesse, politische Kompetenz sowie Stärke der Parteibindung) durchgeführt, deren geschätzte Faktorwerte (F-Scores) im Folgenden als unabhängige Variable verwendet werden. Dieses Vorgehen stellt eine bewusste Informationsreduktion dar, da die einzelnen Einstellungen neben der allgemeinen psychologischen Einbindung in das politische System auch eigenständige und differierende psychologische Prädispositionen messen.[40] Mit Hilfe der Faktorwerte kann jedoch der theoretisch relevante, gemeinsame Kern dieser Einstellungen gemessen werden. Analog zur theoretischen Erwartung lädt der extrahierte Faktor für alle Länder am stärksten auf dem politischen Interesse, das auch die allgemeinste Involvierungsvariable darstellt (siehe Tabelle 5 auf der folgenden Seite).[41]

---

39 Gemessen wird hier also eher die wahrgenommene Kompetenz beim passiven Verfolgen politischer Vorgänge als das subjektive Vermögen, sich effektiv beteiligen zu können. Im Zusammenhang mit der theoretischen Argumentation in Abschnitt 4.2 ist dies unproblematisch, da von der subjektiven passiven Kompetenz sogar noch ein größerer Einfluss auf die Herausbildung inhaltlicher Policy-Präferenzen erwartet werden kann.

40 Wie Tabelle A3 im Anhang zeigt, hat dieser Verzicht auf Informationen aber nur einen geringen Effekt auf die Gesamterklärungskraft des Basismodells ohne Interaktionen und keinen substanziellen Effekt auf den Erklärungsbeitrag der restlichen Determinanten (siehe Tabelle A3 im Anhang).

41 Eine Alternative zur Verwendung der Faktorwerte hätte die Berechnung eines Index dargestellt. Diese Berechnung wäre allerdings problematisch gewesen, da angesichts der unterschiedlichen Skalierungen sowohl eine Gleichgewichtung als auch die Festlegung unterschiedlicher Gewichte für die drei Variablen theoretisch nicht begründet werden könnte. Effektiv entspricht die Verwendung der Faktorwerte einer analytischen Festlegung dieser Gewichtungsfaktoren.

Tabelle 5: Faktorenanalyse politische Involvierung

Land/Region	W-D	O-D	F	PL	S	E
politisches Interesse	0,936	0,786	0,822	0,803	0,741	0,913
subjekt. polit. Kompetenz	0,497	0,588	0,481	0,521	0,562	0,498
Stärke der Parteibindung	0,441	0,447	0,486	0,473	0,459	0,416
Cronbachs Alpha	0,63	0,63	0,61	0,61	0,60	0,61

Anmerkungen: Berechnungen auf Basis der 3. Welle des European Social Survey. Angegeben sind die geschätzten Faktorladungen einer Hauptachsen-Faktorenanalyse (mit Kaiser-Kriterium).

Die Einbindung in gesellschaftliche Netzwerke kann schließlich durch eine sechsstufige Variable gemessen werden, in der die Häufigkeit des Engagements in Vereinen, Verbänden oder gemeinnützigen Organisationen abgefragt wird (siehe zur Verteilung der erklärenden Variablen Tabelle A2 im Anhang).

Zur Modellierung der möglichen Wechselwirkungen müssen aus den beteiligten Variablen Interaktionsterme gebildet werden. Hierzu wurden alle drei Variablen (politische Involvierung, formaler Bildungsgrad, gesellschaftliche Einbindung) zunächst zentriert, was eine einheitliche Interpretation der anschließend geschätzten Koeffizienten erster Ordnung ermöglicht (siehe hierzu Erklärungen im folgenden Abschnitt). Anschließend werden zwei Produktterme durch die Multiplikation der politischen Involvierung mit der Bildungs- und der Einbindungsvariable gebildet.

Als Kontrollvariablen werden zuletzt das Geschlecht der Befragten (weiblich: 0, männlich: 1) sowie das Alter verwendet. Letzteres wurde kategorial in sechs Altersgruppen gemessen, um a priori weder eine Festlegung auf lineare noch auf quadratische Zusammenhänge mit der politischen Aktivität vorzunehmen. Theoretisch wird ein umgekehrt u-förmiger Zusammenhang zwischen Alter und politischer Aktivität vermutet, der in früheren Studien auch bestätigt werden konnte (vgl. z. B. Lüdemann 2001: 54).[42]

[42] In einer alternativen Spezifikation der Regressionsgleichung wurde das Lebensalter in Jahren in Form eines linearen und eines zusätzlichen quadratischen Terms berücksichtigt. Während der Koeffizient des linearen Terms sich in keinem Land signifikant von Null unterscheidet, resultieren für den quadratischen Term in Übereinstimmung mit dem vermuteten, umgekehrt u-förmigen Zusammenhang durchgängig negative Vorzeichen. Allerdings sind diese nur für einen Teil der Länder signifikant.

6.3 Besonderheiten linear-multiplikativer Regressionsmodelle

In den folgenden empirischen Analysen werden die Erklärungsleistungen des *Civic Voluntarism Model* nach Verba et al. (1995) und des oben entwickelten, erweiterten Modells miteinander verglichen. Für das Basismodell wird auf ein einfaches linear-additives Regressionsmodell zurückgegriffen, die Voraussagen des erweiterten Modells können dagegen nur mit Hilfe einer linear-multiplikativen Spezifikation[43] überprüft werden. Während linear-additive Regressionen ein Standardinstrument – das „methodological workhorse" (Gill und Walker 2005: 853) – der empirischen Sozialforschung darstellen, werden linear-multiplikative Regressionsmodelle wesentlich seltener eingesetzt. Zwischen beiden Spezifikationen besteht eine Reihe von Unterschieden, insbesondere bei der Interpretation der Ergebnisse linear-multiplikativer Modelle sind einige Besonderheiten zu beachten (vgl. ausführlich Kam und Franzese 2005, Brambor et al. 2006).[44] Im folgenden Abschnitt soll daher ein knapper Überblick über diese Besonderheiten gegeben werden.

In der Regressionsgleichung für das Basismodell nach Verba et al. (1995) wird die endogene Variable politische Partizipation (P) als Funktion der exogenen Variablen politische Involvierung (I), formales Bildungsniveau (B) und Einbindung in gesellschaftliche Netzwerke (N) sowie des statistischen Fehlerterms ε in Form additiv verknüpfter Terme dargestellt:[45]

$$P = \beta_0 + \beta_1 I + \beta_2 B + \beta_3 N + \varepsilon$$

Durch Ableitung nach den erklärenden Variablen erhält man deren geschätzte Effekte, die folglich den Regressionskoeffizienten entsprechen und für alle Konstellationen der unabhängigen Variablen konstant sind. So ergibt sich z. B. für den Effekt der formalen Bildung:

$$\frac{dP}{dB} = \beta_2$$

43 Alternativ kann diese Spezifikation auch als multiplikatives Interaktionsmodell bezeichnet werden (vgl. Brambor et al. 2006: 63).

44 Nach Brambor et al. treten bei der Verwendung linear-multiplikativer Spezifikationen häufig Probleme auf. In einer Untersuchung kommen sie zu dem Ergebnis, dass in 90 Prozent aller entsprechenden Artikel, die zwischen 1998 und 2002 in drei führenden politikwissenschaftlichen Zeitschriften (American Journal of Political Science, American Political Science Review sowie Journal of Politics) erschienen sind, entweder Fehler bei der Spezifikation bzw. der Interpretation linear-multiplikativer Regressionsmodelle auftraten oder zentrale Analyseergebnisse nicht berichtet wurden (vgl. Brambor et al. 2006: 77-81; siehe auch Golder 2003, Braumoeller 2004 sowie Brambor et al. 2007).

45 Hinzu kommen die Kontrollvariablen Geschlecht und Alter, die aus Gründen der Übersichtlichkeit im Folgenden nicht explizit aufgeführt werden.

Das erweiterte Partizipationsmodell geht dagegen von Interaktionen zwischen den unabhängigen Variablen aus, die durch Verwendung eines linear-multiplikativen Regressionsmodells berücksichtigt werden können. Zusätzlich zu den additiven Termen der interagierenden Variablen, die im Folgenden als „konstitutive Terme“ (Brambor et al. 2006: 66) bezeichnet werden, beinhaltet die Regressionsgleichung nun auch für jede der modellierten Wechselwirkungen einen Produktterm ($I \times B$ sowie $I \times N$):

$$P = \beta_0 + \beta_1 I + \beta_2 B + \beta_3 N + \beta_4 (I \times B) + \beta_5 \, (I \times N) + \varepsilon$$

Die Effekte der erklärenden Variablen entsprechen erneut den zugehörigen partiellen Ableitungen, die nun aber grundsätzlich nicht mehr identisch mit den geschätzten Koeffizienten sind. Vielmehr hängen sie vom Niveau der jeweils interagierenden Variablen ab und ergeben sich als Kombinationen aus den Koeffizienten der konstitutiven Terme und der multiplikativen Terme (vgl. Kam und Franzese 2005: 22). Für den Effekt der formalen Bildung erhält man nun:

$$\frac{dP}{dB} = \beta_2 + \beta_4 I$$

Anders als im Falle der linear-additiven Regression hat die Bildung hier nicht mehr *einen* konstanten Effekt, sondern *viele* unterschiedliche Effekte. Entsprechend der zugrunde liegenden Interaktionshypothese wird die Höhe des Bildungseffekts durch das Niveau politischer Involvierung beeinflusst.[46] Kam und Franzese (2005) weisen darauf hin, dass bei Interaktionsmodellen unbedingt zwischen Koeffizient und Effekt der unabhängigen Variable unterschieden werden muss. Der Regressionskoeffizient β_2 beschreibt ausschließlich den Effekt der Bildung auf politische Partizipation für den Fall, dass die Involvierungsvariable den Wert 0 annimmt. Da es sich hierbei je nach Skalierung der politischen Involvierung um einen beliebigen Wert handeln kann, der eventuell im Datensatz gar nicht auftritt, darf β_2 keinesfalls als unkonditionaler, direkter, unabhängiger oder Haupteffekt der formalen Bildung interpretiert werden (vgl. Kam und Franzese 2005: 18-19, Brambor et al. 2006: 71-73).[47] Um eine einheitliche Interpretation der Regressionskoeffizienten zu ermöglichen, werden in dieser Arbeit zentrierte Variablen verwendet. Die Koeffizienten der konstitutiven Terme entsprechen

46 Durch die technische Spezifikation der Regressionsgleichung wird dabei a priori eine lineare Abhängigkeit des Bildungseffekts von der Involvierung vorausgesetzt, was ohne Zweifel eine Einschränkung darstellt, die theoretisch nicht begründet werden kann. Im Vergleich zum linear-additiven Regressionsmodell ist damit aber eine flexiblere Anpassung an die Daten möglich.

47 Nach Kam und Franzese (2005) ist die Verwendung der Begriffe „direkter Effekt“, „unabhängiger Effekt“ sowie „Haupteffekt“ im Rahmen von Interaktionsanalysen grundsätzlich im besten Falle nicht hilfreich, häufig jedoch schlicht irreführend oder falsch (vgl. Kam und Franzese 2005: 18-19).

daher stets den geschätzten Effekten für den Fall, dass die interagierende Variable auf ihrem durchschnittlichen Niveau liegt.[48] Allerdings sollte darauf hingewiesen werden, dass mögliche Kollinearitätsprobleme durch eine Zentrierung nicht verringert werden können (siehe Kam und Franzese 2005: 58, Brambor et al. 2006: 71).

Aus den obigen Ausführungen wird deutlich, dass sich aus den in der Literatur üblicherweise angegebenen Regressionstabellen nur Rückschlüsse auf den Effekt der erklärenden Variable für ein bestimmtes Niveau der interagierenden Variablen ziehen lassen. Im konkreten Fall variieren mit dem Involvierungsniveau sowohl der geschätzte Bildungseffekt als auch der zugehörige Standardfehler, aus deren Verhältnis das Signifikanzniveau des Bildungseffekts berechnet wird.[49]

Die vollständigen Ergebnisse einer linear-multiplikativen Regressionsanalyse umfassen daher die konditionalen Bildungseffekte und deren Signifikanzniveaus für alle oder zumindest für die theoretisch relevantesten Werte der politischen Involvierung, die z.B. grafisch sehr anschaulich dargestellt werden können (vgl. Kam und Franzese 2005: 43-47, Brambor et al. 2006: 73-77).

Eine weitere Komplikation kann sich in interaktiven Modellen hinsichtlich der Residuen ε ergeben. Im Rahmen der Regressionsanalyse wird versucht, einen probabilistischen – d. h. mit einem statistischen Fehler in Form der Residuen behafteten – Zusammenhang zwischen der abhängigen Variable und den unabhängigen Variablen zu modellieren. Angesichts dieses Vorgehens scheint die Erwartung problematisch, dass der Effekt eines Erklärungsfaktors durch eine interagierende Variable ohne Fehler – also deterministisch – erklärt werden kann. Nach Kam und Franzese (2005) ist es plausibler, auch von einem stochastischen Einfluss auf den Effekt der erklärenden Variable auszugehen.[50] Aus einem solchen stochastischen Zusammenhang folgen aber zwangsläufig heteroskedastische Residuen in der Regressionsgleichung, wodurch eine der zentralen Annahmen des klassischen Regressionsmodells verletzt wird. Die hieraus resultierenden Probleme in Form potentiell verzerrter, inkonsistenter sowie ineffizienter Koeffizientenschätzungen können aber durch die Verwendung robuster Schätzmethoden für die Standardfehler relativ leicht behoben werden (vgl. Kam und Franzese 2005: 16). In den folgenden empirischen Analysen werden daher durchgehend so

---

48 Da der Koeffizient bei Verwendung zentrierter Variablen auch dem Durchschnitt der Effekte für alle Befragten entspricht, kann er als durchschnittlicher Effekt interpretiert werden. Allerdings ermöglicht auch dieser Koeffizient keine Rückschlüsse darüber, ob signifikante Effekte für andere Niveaus der interagierenden Variable bestehen.

49 Der Standardfehler dieses Effekts ergibt sich aus den Varianzen und der Kovarianz der Schätzer für β_2 und β_4: $\sigma(dP/dB) = \sqrt{Var(\hat{\beta}_2) + I^2\,Var(\hat{\beta}_4) + 2I\,Cov(\hat{\beta}_2, \hat{\beta}_4)}$, wobei $\hat{\beta}_i$ den Schätzer für den Koeffizienten β_i darstellt (vgl. Kam und Franzese 2005: 33).

50 So ergibt sich beispielsweise der Bildungseffekt dann als $dP/dB = \beta_2 + \beta_4 I + \varepsilon_1$ (vgl. Kam und Franzese 2005: 15).

genannte robuste Standardfehler nach White (1980) berechnet. Da diese tendenziell größer als konventionelle Standardfehler sind und damit zu geringeren Signifikanzniveaus führen, folgt aus diesem Vorgehen eine kritischere Prüfung der theoretisch abgeleiteten Interaktionshypothesen.

Wie bei allen multivariaten Analysen kann die Verwendung repräsentativ gewichteter Daten sowohl Vorteile als auch Nachteile mit sich bringen (vgl. Kish 1990, Arzheimer 2008). Winship und Radbill (1994) folgend wurde in dieser Arbeit durchgängig auf eine Gewichtung verzichtet, da die verfügbaren Gewichtungsvariablen in einem engen Zusammenhang mit den sozioökonomischen Variablen Bildung, Alter und Geschlecht stehen, die ohnehin als unabhängige Variablen berücksichtigt werden. Die geschätzten Koeffizienten für ungewichtete Daten sollten in diesem Fall ebenso wie für gewichtete Daten unverzerrt und konsistent, zugleich aber effizienter als letztere sein (vgl. Winship und Radbill 1994: 253, Arzheimer 2008: 28).[51]

---

51 In einer Replikation der Analysen mit gewichteten Daten ergaben sich mit einer Ausnahme keine erwähnenswerten Unterschiede (vgl. Fußnote 56 auf S. 71). Die Gewichtung der Daten wurde dabei für alle Länder außer Deutschland mit dem Repräsentativgewicht *dweight* durchgeführt. Für die beiden Teile Deutschlands wurden zwei neue Gewichtungsvariablen erzeugt, die eine Beibehaltung des Oversamples von Ostdeutschland ermöglichen.

7 Empirische Ergebnisse

Im ersten Abschnitt dieses Kapitels werden zunächst die Schätzergebnisse des Basismodells nach Verba et al. (1995) und des erweiterten Modells gegenübergestellt.[52] Dabei erfolgt neben einer Identifikation möglicher Interaktionen zwischen den Determinanten politischer Partizipation auch ein Vergleich der Erklärungsleistungen beider Modelle. Im folgenden Abschnitt werden dann die empirischen Schätzungen der konditionalen Effekte und damit die substanziellen Auswirkungen der erwarteten Interaktionen dargestellt. Von besonderem Interesse ist dabei die Frage, ob die erklärenden Variablen Bildung, gesellschaftliche Netzwerke und politische Involvierung unter allen Umständen einen positiven Einfluss auf das Partizipationsverhalten der europäischen Bürger haben oder ob sich positive Effekte nur für begrenzte Teile der Bevölkerung bestätigen lassen.

7.1 Vergleich des Basismodells und des erweiterten Modells

Als Referenzpunkt und Vergleichsmaßstab der empirischen Analyse dient in dieser Arbeit das in der empirischen Partizipationsforschung etablierte *Civic Voluntarism Model* nach Verba et al. (1995), das wie beschrieben konstante Effekte der drei zentralen Determinanten politische Involvierung, formale Bildung und gesellschaftliche Einbindung annimmt. Im ersten Schritt der empirischen Analyse wurde dieses Modell mit Hilfe einer linear-additiven Regressionsanalyse geprüft. Tabelle 6 zeigt, dass politische Partizipation in allen sechs Analyseländern bzw. -regionen durch dieses Grundmodell erklärt werden kann.[53] Die drei zentralen Erklärungsvariablen des *Civic Voluntarism Model* – politische Involvierung, formale Bildung sowie gesellschaftliche Einbindung – üben in allen Ländern den erwarteten positiven Effekt aus, der mit hinreichender statistischer Sicherheit bestätigt werden kann.

Für die politische Involvierung kann in allen sechs Ländern sogar ein hochsignifikanter Einfluss mit einer Irrtumswahrscheinlichkeit von weniger als 0,001 bestätigt werden. In fünf der sechs Länder liegen die unstandardisierten Regressionskoeffizienten in einem relativ einheitlichen Bereich, was auf einen ähnlich starken Effekt der Involvierung in diesen Ländern hindeutet.[54]

---

52 Für alle empirischen Analysen wurde die Statistiksoftware Stata (Version 10.0) verwendet.

53 Im Folgenden wird aufgrund der besseren Lesbarkeit nur noch von Analyseländern gesprochen, womit auch die beiden Teile Deutschlands gemeint sind.

54 Da die politische Involvierung über die geschätzten F-Scores des extrahierten Faktors gemessen wird, können diese Einheiten aber nicht inhaltlich interpretiert werden. Weil die Involvierung in allen sechs Analyseregionen Werte in einem relativ einheitlichen Bereich zwischen -2,04 und +2,36 annimmt, ermöglichen die unstandardisierten Re-

Tabelle 6: Ergebnisse des Basismodells nach Verba et al.

Land/Region	W-D	O-D	F	PL	S	E
politische Involvierung	0,22***	0,33***	0,30***	0,09***	0,24***	0,27***
formaler Bildungsgrad	0,05*	0,08**	0,05***	0,04***	0,03*	0,06**
gesellschaftl. Netzwerke	0,09***	0,10***	0,11***	0,09***	0,11***	0,16***
Geschlecht (männlich)	-0,08*	-0,08	0,00	0,05*	-0,04	0,03
unter 18 Jahren	-0,07	0,09	0,17	-0,07	0,07	-0,12
18-29 Jahre	0,02	0,02	-0,04	-0,02	0,04	-0,08
30-41 Jahre	-0,12*	-0,03	-0,12*	-0,07	-0,09	-0,12
54-65 Jahre	-0,04	-0,02	-0,22***	-0,02	-0,03	-0,24**
über 65 Jahren	-0,23***	-0,12	-0,35***	-0,05	-0,33***	-0,30***
Konstante	0,60***	0,66***	0,81***	0,16***	0,79***	0,71***
R^2	0,165	0,230	0,215	0,101	0,144	0,217
korrigiertes R^2	0,161	0,248	0,211	0,096	0,140	0,213
n	1666	1005	1868	1568	1809	1702

Anmerkungen: Berechnungen auf Basis der 3. Welle des European Social Survey. Angegeben sind die unstandardisierten Regressionskoeffizienten mit den zugehörigen Signifikanzniveaus (auf Basis robuster Standardfehler): * $p < 0,05$; ** $p < 0,01$; *** $p < 0,001$. Referenzgruppe: weibliche Befragte im Alter zwischen 42 und 53 Jahren, deren politische Involvierung, formale Bildung sowie gesellschaftliche Einbindung dem jeweiligen nationalen bzw. regionalen Durchschnitt entspricht.

Eine Erhöhung der politischen Involvierung um eine Einheit führt in diesen Ländern jeweils zu einer erwarteten Ausweitung der politischen Partizipation um etwa 0,2 bis 0,3 Aktivitäten. Auffällig ist dabei aber der wesentlich niedrigere geschätzte Involvierungseffekt in Polen.

Auch der erwartete positive Effekt des formalen Bildungsniveaus als partizipationsrelevanter Ressource kann durchgehend für alle Länder bestätigt werden. Während sich der Regressionskoeffizient dabei für den Westen Deutschlands und für Schweden signifikant von Null unterscheidet ($p < 0,05$) wird in den übrigen analysierten Ländern sogar eine noch höhere statistische Sicherheit erreicht ($p < 0,01$). Von besonderer inhaltlicher Bedeutung ist der Bildungseffekt, weil seine Höhe von vielen Autoren als Maß für die Ungleichheit der politischen Repräsentation im Rahmen der bürgerlichen Beteiligung verstanden wird (vgl. z. B. Roller und Rudi 2008). Tabelle 6 zeigt den größten Effekt und damit auch die massivste Ungleichheit für Ostdeutschland, wo das erwartete Partizipationsniveau mit jedem Level der siebenstufigen Bildungsvariable um 0,08 Einheiten an-

---

gressionskoeffizienten trotzdem zumindest näherungsweise einen länderübergreifenden Vergleich.

steigt. Nur annähernd halb so hoch ist der geschätzte Regressionskoeffizient dagegen in den alten Bundesländern und in Polen. Der niedrigste Effekt und damit auch die geringste partizipatorische Ungleichheit ergeben sich dagegen für Schweden mit einem geschätzten Koeffizienten von 0,03 (siehe Tabelle 6).

Die Einbindung in gesellschaftliche Netzwerke übt ebenso wie die politische Involvierung einen hochsignifikanten Einfluss auf die Partizipationsentscheidungen der Bürger in allen untersuchten Ländern aus. Zudem fällt auf, dass die Höhe dieses Einflusses in fünf der sechs Fälle nahezu identisch ist: die Zunahme der gesellschaftlichen Einbindung um eine Einheit führt jeweils zu einer Partizipationsausweitung um 0,1 Aktivitäten. Etwas höher, aber ebenfalls noch in einem ähnlichen Wertebereich liegt der unstandardisierte Regressionskoeffizient für Spanien.

Für die Kontrollvariablen Geschlecht und Alter werden kaum signifikante Effekte geschätzt, deren Richtung sich zudem teilweise zwischen den Ländern unterscheidet. So partizipieren Frauen in Westdeutschland signifikant häufiger, in Polen signifikant seltener als Männer (bei Kontrolle der anderen unabhängigen Variablen). Für die übrigen vier Regionen werden keine signifikanten Geschlechterunterschiede geschätzt. Auch beim Alter ergeben sich insgesamt nur geringe Effekte. So unterscheiden sich die beiden jüngsten Altersgruppen nicht systematisch von der Referenzgruppe (42 bis 53 Jahre). Durchgängig zeigen die empirischen Ergebnisse dagegen eine geringere Beteiligung der ältesten Bürger, wobei sich jedoch selbst für die höchste Altersgruppe nur in vier Ländern signifikante Unterschiede zur mittleren Altersgruppe ergeben. Der erwartete u-förmige Verlauf kann daher nur teilweise bestätigt werden (siehe Tabelle 6).

Trotz der durchgängig signifikanten Erklärungsbeiträge der zentralen Determinanten unterscheiden sich die Erklärungsleistungen des Basismodells zwischen den Analyseländern deutlich. Für Ostdeutschland, Frankreich und Spanien ergeben sich jeweils Determinationskoeffizienten oberhalb von 0,20. Folglich kann in diesen Ländern durch die berücksichtigten unabhängigen Variablen etwa ein Viertel bis ein Fünftel der Schwankungen des individuellen Partizipationsverhaltens erklärt werden. In Westdeutschland und Schweden resultieren etwas niedrigere R^2-Werte im Bereich von etwa 15 Prozent erklärter Varianz. Noch einmal deutlich geringer ist die Erklärungskraft des Basismodells mit einem Determinationskoeffizienten von 0,101 in Polen (siehe Tabelle 6). Insgesamt betrachtet sind die Anteile der erklärten Varianz nicht sehr groß, entsprechen aber den Erklärungsleistungen vergleichbarer sozialwissenschaftlicher Analysen auf Mikroebene (vgl. z. B. Verba et al. 1995, Gabriel 2004).

Tabelle 7: Ergebnisse des erweiterten Partizipationsmodells

Land/Region	W-D	O-D	F	PL	S	E
politische Involvierung	0,22***	0,34***	0,30***	0,09***	0,24***	0,25***
formaler Bildungsgrad	0,05*	0,07**	0,05***	0,03**	0,03*	0,04*
gesellschaftl. Netzwerke	0,08***	0,09***	0,10***	0,07**	0,10***	0,14***
Involvierung × Bildung	0,06**	0,06*	0,03*	0,02	0,01	0,05**
Involvierung × Netzwerke	0,05***	0,07***	0,06***	0,07*	0,06**	0,07***
Geschlecht (männl.)	-0,08*	-0,07	0,00	0,05*	-0,05	0,04
unter 18 Jahren	-0,09	0,07	0,18	-0,07	0,04	-0,11
18-29 Jahre	0,04	-0,01	-0,02	-0,02	0,03	-0,06
30-41 Jahre	-0,11*	-0,02	-0,13*	-0,07	-0,09	-0,11
54-65 Jahre	-0,03	-0,01	-0,22***	-0,03	-0,04	-0,25**
über 65 Jahren	-0,23***	-0,16*	-0,37***	-0,06	-0,35***	-0,35***
Konstante	0,55***	0,61***	0,78***	0,15***	0,78***	0,66***
R^2	0,187	0,256	0,228	0,115	0,153	0,239
korrigiertes R^2	0,182	0,248	0,224	0,109	0,148	0,234
n	1666	1005	1868	1568	1809	1702

Anmerkungen: Berechnungen auf Basis der 3. Welle des European Social Survey. Angegeben sind die unstandardisierten Regressionskoeffizienten mit den zugehörigen Signifikanzniveaus (auf Basis robuster Standardfehler): * $p < 0{,}05$; ** $p < 0{,}01$; *** $p < 0{,}001$. Referenzgruppe: weibliche Befragte im Alter zwischen 42 und 53 Jahren, deren politische Involvierung, formale Bildung sowie gesellschaftliche Einbindung dem jeweiligen nationalen Durchschnitt entspricht.

Im nächsten Schritt der empirischen Analyse erfolgt eine Überprüfung des erweiterten Partizipationsmodells mit Hilfe eines linear-multiplikativen Regressionsmodells, das zusätzlich zu den oben verwendeten additiven Termen auch zwei Interaktionsterme enthält. Tabelle 7 zeigt die geschätzten unstandardisierten Regressionskoeffizienten sowie die zugehörigen Signifikanzniveaus für dieses erweiterte Modell. Die Koeffizienten der drei additiven Terme (Involvierung, formale Bildung und Netzwerke) entsprechen fast exakt den Schätzungen des Basismodells, insbesondere unterscheiden sich weiterhin alle geschätzten Koeffizienten signifikant von Null. Die große Ähnlichkeit zu den Koeffizienten des Basismodells ist dabei auf die Verwendung zentrierter Variablen zurückzuführen: in beiden Fällen gibt der Koeffizient des additiven Terms den geschätzten durchschnittlichen Effekt der betreffenden Erklärungsvariable an (vgl. Kam und Franzese 2005: 35, Brambor et al. 2006: 72-73). Allerdings müssen diese Koeffizienten nun völlig anders als zuvor interpretiert werden, da es sich hierbei um geschätzte *konditionale* Effekte handelt. So führt eine Erhöhung der formalen Bildung in Westdeutschland nur dann zu einer signifikanten Ausweitung der erwarteten politischen Aktivität um 0,05 Einheiten, wenn die politische Involvierung auf ihrem durchschnittlichen Level liegt.[55] Dieser Koeffizient sagt aber alleine – anders als im Basismodell – nichts über die Bildungseffekte bei anderen Involvierungsniveaus aus, die sich erst aus einer Kombination der Koeffizienten von additiven und multiplikativen Termen ergeben.

Von besonderer Bedeutung sind daher nun die Koeffizienten der beiden Produktterme, die Rückschlüsse darauf ermöglichen, ob diese durchschnittlichen Effekte gleichmäßig bei allen Gruppen der Bevölkerung gelten oder ob sich in Abhängigkeit von den interagierenden Variablen deutliche Unterschiede ergeben. Für die Interaktion zwischen Involvierung und Bildung werden gemäß der theoretischen Erwartungen durchweg positive Koeffizienten geschätzt, die sich in vier Ländern (West- und Ostdeutschland, Frankreich und Spanien) signifikant von Null unterscheiden. Für diese Länder kann daher mit hinreichender statistischer Sicherheit eine Abhängigkeit des Bildungseffekts vom Niveau politischer Involvierung – und umgekehrt – bestätigt werden (vgl. Kam und Franzese 2005: 37).[56] Der marginale Effekt formaler Bildung auf politische Partizipation wird beispielsweise in Westdeutschland auf $d\hat{P} / dB = 0{,}05 + 0{,}06 \times I$ geschätzt. Bei einem Involvierungswert von eins ist der positive Effekt der Bildung demnach doppelt so hoch wie bei mittlerer Involvierung; bei einer Involvierung von minus eins besteht dagegen überhaupt kein positiver Zusammenhang zwischen formaler Bildung und politischer Partizipation. Für Polen und Schweden werden betragsmäßig deutlich geringere Koeffizienten dieses Produktterms geschätzt, die zudem jeweils p-Werte oberhalb der üblichen Irrtumswahrscheinlichkeit von 0,05 aufweisen, so dass zunächst keine Abhängigkeit des Bildungseffekts vom Niveau politischer Involvierung bestätigt werden kann.[57] Allerdings weisen Brambor et al. darauf hin, dass die statistische Insignifikanz der Koeffizienten von Produkttermen nicht zwangsläufig zur Ablehnung der zugrunde liegenden Interaktionshypothese führen sollte. Notwendig ist vielmehr die Analyse der konditionalen Effekte der beteiligten Erklärungsvariablen und der dabei auftretenden substanziellen Unterschiede (vgl. Brambor et al. 2006: 74).

---

55 Aufgrund der Verwendung zentrierter Variablen entspricht das jeweilige nationale bzw. regionale Mittel stets dem Wert 0.

56 Bei Verwendung von gewichteten Daten ist der Betrag des geschätzten Koeffizienten des Produktterms für Frankreich nur etwa halb so groß, zudem ist dieser bei einem p-Wert von 0,332 nicht mehr signifikant. Trotzdem zeigen sich substanziell die gleichen konditionalen Effekte formaler Bildung (siehe Abschnitt 7.2). Für alle anderen Länder und Koeffizienten ergibt die Auswertung gewichteter Daten hingegen keine nennenswerten Unterschiede.

57 Für Polen liegt der geschätzte Koeffizient des Interaktionsterms dabei mit einem p-Wert von 0,093 noch relativ nah am üblichen Signifikanzniveau, für Schweden mit einem p-Wert von 0,386 dagegen sehr weit vom Bereich statistischer Signifikanz entfernt.

Noch deutlicher sind die Ergebnisse hinsichtlich der Interaktion zwischen politischer Involvierung und der Einbindung in gesellschaftliche Netzwerke. Die Koeffizienten des zugehörigen Produktterms unterscheiden sich für alle Länder signifikant von Null, mit Ausnahme von Polen resultieren sogar p-Werte unterhalb von 0,01. Folglich kann für alle untersuchten Fälle eine Abhängigkeit des Effektes gesellschaftlicher Netzwerke vom Grad psychologischer Einbindung in das politische System bestätigt werden. Analog muss zudem davon ausgegangen werden, dass auch der Effekt politischer Involvierung signifikant vom Ausmaß gesellschaftlicher Einbindung moderiert wird. Die länderübergreifende Signifikanz sowie die relativ hohen Beträge der geschätzten Koeffizienten (im Vergleich zu den Koeffizienten der konstitutiven Terme) weisen für beide theoretisch abgeleiteten Interaktionen darauf hin, dass das grundlegende *Civic Voluntarism Model* die Kausalzusammenhänge politischer Partizipation nicht adäquat beschreiben kann. Die geschätzten Koeffizienten geben zwar annähernd die richtigen *durchschnittlichen* Effekte der zentralen Erklärungsfaktoren an, aufgrund der Heterogenität dieser Effekte in allen analysierten Ländern scheint dies aber für ein umfassendes Verständnis der individuellen Partizipationsentscheidungen nicht zu genügen.

Hinsichtlich der Kontrollvariablen ergeben sich keine substanziellen Veränderungen zu den Ergebnissen des Basismodells. Die Bürger der obersten Altersgruppe (65 Jahre und älter) beteiligen sich unter Kontrolle aller anderen exogenen Variablen seltener als ihre Mitbürger, die Unterschiede zur mittleren Altersgruppe sind nun sogar in fünf der sechs Länder signifikant. Zwischen den übrigen Altersgruppen sowie Männern und Frauen zeigen sich hingegen keine systematischen, länderübergreifend einheitlichen Differenzen (siehe Tabelle 7).

Wie Tabelle 8 auf der folgenden Seite zeigt, kann mit Hilfe des erweiterten Modells durchgängig ein etwas höherer Anteil von der Gesamtvarianz der abhängigen Variable erklärt werden. Die Differenz zum Determinationskoeffizienten des Basismodells liegt zwischen 0,009 und 0,022 und ist damit auf den ersten Blick in keinem Land sehr groß.[58] Der reguläre Determinationskoeffizient ist allerdings nicht zum Vergleich der Erklärungsleistungen geeignet, da die Existenz von zwei zusätzlichen Parametern im Interaktionsmodell grundsätzlich eine bessere Anpassung an die Daten ermöglicht. Bei der Berechnung des korrigierten R^2 wird hingegen auch die Anzahl der unabhängigen Variablen berücksichtigt, so dass sparsamere Modelle bei gleicher Erklärungsleistung bevorzugt werden. Auch hinsichtlich dieser Maßzahl resultieren aber in allen Analyseländern höhere Werte für das erweiterte Modell (siehe Tabelle 8).

Eine weitere Möglichkeit zum Vergleich konkurrierender Modelle stellen das Informationskriterium nach Akaike (AIC) und das Bayesianische Informationskrite-

58 Bei der Bewertung dieser Differenzen muss jedoch bedacht werden, dass im erweiterten Modell nur eine veränderte Verwendung der Variablen erfolgt und keine zusätzlichen Informationen berücksichtigt werden.

rium nach Schwarz (BIC) dar, die neben der Anpassungsqualität an die Daten auch die Komplexität der Modelle berücksichtigen. Beide Maßzahlen werden auf Basis der logarithmierten Likelihood der betreffenden Modelle berechnet, zudem fließt in unterschiedlicher Form die Anzahl der geschätzten Parameter bzw. der erklärenden Variablen ein. Das BIC gewichtet die Zahl der geschätzten Parameter höher und bevorzugt daher eine sparsamere Modellierung als das AIC (vgl. Schwarz 1978). Bei beiden Maßzahlen implizieren niedrigere Werte eine höhere Modellqualität. Folglich weisen die Ergebnisse in Tabelle 8 darauf hin, dass für sämtliche Analyseländer von einer Überlegenheit des Interaktionsmodells gegenüber dem Basismodell ausgegangen werden kann.

Tabelle 8: Vergleich der Erklärungsleistungen beider Modelle

Land/Region	W-D	O-D	F	PL	S	E
Basismodell						
R^2	0,165	0,230	0,215	0,101	0,144	0,217
korrigiertes R^2	0,161	0,223	0,211	0,096	0,140	0,213
AIC	3642,1	2258,8	4490,1	1911,1	4094,7	4281,3
BIC	3696,3	2307,9	4545,4	1964,7	4149,7	4335,7
Erweitertes Modell						
R^2	0,187	0,256	0,228	0,115	0,153	0,239
korrigiertes R^2	0,182	0,248	0,224	0,109	0,148	0,234
AIC	3602,2	2227,9	4462,9	1889,9	4080,5	4238,4
BIC	3667,2	2286,8	4529,3	1954,2	4146,5	4303,7
Wald-Test (p-Wert)	0,000	0,000	0,000	0,012	0,002	0,000

Quelle: Berechnungen auf Basis der 3. Welle des European Social Survey.

Der Unterschied zwischen beiden Modellen besteht in zwei linearen Restriktionen; effektiv werden im Basismodell die Koeffizienten beider Produktterme gleich Null gesetzt. Mit statistischen Tests für geschachtelte Modelle kann geprüft werden, ob diese Restriktionen gemeinsam aufrecht erhalten werden können. Tabelle 8 zeigt die Ergebnisse der durchgeführten Wald-Tests, der bei einer Irrtumswahrscheinlichkeit von $\alpha = 0{,}05$ in allen sechs Ländern zur Ablehnung der Nullhypothese führt. Folglich kann für alle Analyseländer von einer besseren Erklärungskraft des erweiterten, linear-multiplikativen Partizipationsmodells ausgegangen werden (siehe Tabelle 8).

Zusammenfassend lässt sich festhalten, dass Hypothese 1, wonach das individuelle Partizipationsverhalten signifikant durch die politische Involvierung, die formale Bildung sowie die gesellschaftliche Einbindung der Bürger beeinflusst wird, durch die Schätzergebnisse in den Tabellen 6 sowie 7 klar bestätigt wurde. Angesichts der erfolgreichen Anwendung des *Civic Voluntarism Model* in früheren empirischen Studien ist dieser Befund nicht sehr überraschend. Interessanter ist dagegen, dass nach allen beschriebenen Kriterien und Tests zum Vergleich konkurrierender Modelle eine statistische Überlegenheit des Interaktionsmodells vorliegt und somit auch Hypothese 2 eindeutig bestätigt werden konnte (siehe Tabelle 8). Gleiches gilt auch für Hypothese 3, welche die Erwartung von Interaktionen zwischen politischer Involvierung auf der einen Seite sowie formaler Bildung und gesellschaftlicher Einbindung auf der anderen Seite formuliert. Die signifikanten Koeffizienten der Interaktionsterme in Tabelle 7 belegen die Existenz der erwarteten Wechselwirkungen zwischen Involvierung und formaler Bildung in vier Ländern sowie zwischen Involvierung und gesellschaftlichen Netzwerken in allen sechs Ländern, so dass auch die entsprechenden Hypothesen 4a, 5a sowie 6a weitgehend bestätigt worden sind.

Trotzdem könnte argumentiert werden, dass diese Resultate nur begrenzte Rückschlüsse auf eine substanzielle Überlegenheit des erweiterten Modells mit interagierenden Erklärungsvariablen erlauben. Das *Civic Voluntarism Model* beinhaltet keine konditionalen Kausalhypothesen, alle drei Determinanten sollten nach Verba et al. (1995) in jeder denkbaren Konstellation einen positiven Effekt auf politische Partizipation ausüben. Wenn auch nach den Schätzungen des Interaktionsmodells von formaler Bildung sowie gesellschaftlicher Einbindung je nach Involvierungsniveau zwar unterschiedlich hohe, aber immer positive Effekte ausgehen würden (mit hinreichender statistischer Genauigkeit), so bliebe diese Grundaussage des Referenzmodells erhalten. Trotz seiner geringeren empirischen Erklärungskraft würde es substanziell korrekte Kausalbeziehungen beschreiben, so dass die höhere Erklärungskraft des komplexeren Modells nur begrenzt mit zusätzlichen inhaltlichen Erkenntnissen einher gehen würde. Wenn die postulierten Effekte der unabhängigen Variablen dagegen nur für bestimmte Bevölkerungsgruppen empirisch bestätigt werden könnten, würden aus der technischen Sparsamkeit des *Civic Voluntarism Model* wesentlich höhere Kosten in Form einer substanziell falschen Beschreibung kausaler Zusammenhänge folgen. Zur umfassenden Beurteilung der Ergebnisse des erweiterten Modells ist daher eine genaue Untersuchung der konditionalen Effekte von formaler Bildung, gesellschaftlicher Einbindung und politischer Involvierung notwendig, die im nächsten Abschnitt erfolgt.

7.2 Die konditionalen Effekte der zentralen Determinanten politischer Partizipation

In den Hypothesen 4b und 5b wurde die Erwartung formuliert, dass sowohl von formaler Bildung als auch von gesellschaftlichen Netzwerken bei niedriger Involvierung kein Effekt ausgeht und die erwarteten Interaktionen daher von hoher substanzieller Bedeutung sind. Empirisch können diese Erwartungen durch eine Wiederholung der linear-multiplikativen Regressionsanalyse überprüft werden, bei der die Involvierungsvariable nun aber nicht in zentrierter Form verwendet wurde. Stattdessen wurde sie vor der Bildung der Produktterme so rekodiert, dass ihr minimaler Wert in jedem Land exakt bei Null lag. Folglich geben die Koeffizienten der konstitutiven Terme nun direkt die geschätzten Effekte an, die von formaler Bildung sowie gesellschaftlichen Netzwerken bei minimaler Involvierung ausgehen.

Tabelle 9 zeigt die Ergebnisse dieser modifizierten Analyse. Da die Variablen zur Messung von Bildung und gesellschaftlicher Einbindung nicht rekodiert wurden, zeigen die Koeffizienten der politischen Involvierung weiterhin deren geschätzten Effekt, wenn sowohl Bildung als auch gesellschaftliche Einbindung den jeweiligen nationalen Mittelwerten entsprechen (und weisen das gleiche Signifikanzniveau auf). Ebenso sind die Koeffizienten der beiden Produktterme und deren Signifikanzniveaus identisch mit den entsprechenden Werten in Tabelle 7.[59]

Tabelle 9: Ergebnisse bei minimaler Involvierung

Land/Region	W-D	O-D	F	PL	S	E
politische Involvierung	0,22***	0,34***	0,30***	0,09***	0,24***	0,25***
formaler Bildungsgrad	-0,06	-0,04	0,01	0,01	0,00	-0,02
gesellschaftl. Netzwerke	-0,01	-0,05	0,01	-0,04	-0,02	0,05
Involvierung × Bildung	0,06**	0,06*	0,03*	0,02	0,01	0,05**
Involvierung × Netzwerke	0,05***	0,07***	0,06***	0,07*	0,06**	0,07***
R^2	0,187	0,256	0,228	0,115	0,153	0,239
n	1666	1005	1868	1568	1809	1702

Anmerkungen: Berechnungen auf Basis der 3. Welle des European Social Survey. Angegeben sind die unstandardisierten Regressionskoeffizienten mit den zugehörigen Signifikanzniveaus (auf Basis robuster Standardfehler): * p < 0,05; ** p < 0,01; *** p < 0,001. Kontrolliert wurden zudem Geschlecht und Alter (Koeffizienten siehe Tabelle 7 auf S. 70). Referenzgruppe: weibliche Befragte im Alter zwischen 42 und 53 Jahren mit minimaler politischer Involvierung, deren formale Bildung sowie gesellschaftliche Einbindung dem jeweiligen nationalen Durchschnitt entspricht.

[59] Gleiches gilt für die Koeffizienten der Kontrollvariablen Geschlecht und Alter, die in Tabelle 9 aus Gründen der Übersichtlichkeit nicht erneut aufgeführt sind.

Erheblich verändert haben sich dagegen die Koeffizienten der additiven Terme von formaler Bildung und gesellschaftlichen Netzwerken, die nun die geschätzten Effekte bei minimaler politischer Involvierung anzeigen. Wie in den betreffenden Hypothesen formuliert, geht beim niedrigsten Niveau der Involvierung tatsächlich in keinem der sechs Länder ein signifikanter Effekt von formaler Bildung oder von gesellschaftlichen Netzwerken aus. Über die fehlende Signifikanz hinaus weisen die geschätzten Koeffizienten beider konstitutiven Terme nicht einmal durchgängig positive Vorzeichen auf. Vielmehr werden für drei bzw. vier Länder sogar negative Koeffizienten geschätzt, die sich aber ebenfalls nicht signifikant von Null unterscheiden. Offensichtlich liegt in allen sechs Ländern eine so große Heterogenität der Bildungs- und der Netzwerkeffekte vor, dass die Berechnung der durchschnittlichen Werte wie im Basismodell für die adäquate Beschreibung der relevanten Zusammenhänge nicht genügt. Interessanterweise trifft dieser Befund auch für den Bildungseffekt in Polen und Schweden zu, obwohl die Koeffizienten der zugehörigen Interaktionsterme nicht signifikant auf den üblichen Niveaus sind. In beiden Fällen kann zwar für mittlere Niveaus der politischen Involvierung ein signifikanter positiver Einfluss der formalen Bildung festgestellt werden, für sehr niedrige Involvierungsniveaus hingegen im Einklang mit den Hypothesen 4b und 5b nicht. Folglich muss auch hier von konditionalen Effekten gesprochen werden. Nach Brambor et al. deuten diese zwiespältigen Ergebnisse darauf hin, dass trotz der fehlenden Signifikanz des Produktterms auch für diese beiden Länder eine Modellierung der betreffenden Wechselwirkung vorgenommen werden sollte (vgl. Brambor et al. 2006: 74).

Mit Hilfe der Tabellen 7 und 9 konnte gezeigt werden, dass sowohl von der formalen Bildung als auch von der Einbindung in gesellschaftliche Netzwerke keine generellen positiven Wirkungen ausgehen. Während bei durchschnittlicher Involvierung in allen sechs Ländern signifikante positive Effekte auftreten, unterscheiden sich die geschätzten Bildungs- und Netzwerkeffekte bei niedriger Involvierung nicht mit hinreichender statistischer Sicherheit von Null. Über diese beiden, substanziell besonders interessanten Konstellationen hinaus illustrieren die Abbildungen 6 und 7 die Abhängigkeit der Wirkungen von formaler Bildung und gesellschaftlichen Netzwerken auf das individuelle Partizipationsverhalten der europäischen Bürger.

Die durchgezogenen Linien in Abbildung 6 auf der folgenden Seite zeigen für alle sechs Analyseländer die geschätzten Effekte des formalen Bildungsgrades bei allen empirisch vorkommenden Involvierungsniveaus. Ihr Verlauf wird durch die Gleichung $d\hat{P}/dB = \hat{\beta}_2 + \hat{\beta}_4 I$ beschrieben, das Anstiegsmaß entspricht für jedes Land dem geschätzten Regressionskoeffizienten $\hat{\beta}_4$ des Produktterms (Involvierung × Bildung). Wie in Abbildung 6 zu erkennen ist, nimmt der Bildungseffekt in allen Ländern mit zunehmender Involvierung zu. Immer noch deutlich ansteigend, aber flacher als in den anderen Ländern verlaufen die durchgezogenen Linien im Falle von Polen und Schweden, für die sich die Koeffizienten der Interaktionsterme nicht signifikant von Null unterscheiden (siehe Tabelle 7). Die gestrichelten Kurven oberhalb und unterhalb der durchgezogenen Linien zeigen die Grenzen der 95%-Konfidenzintervalle für den Bildungseffekt. Ihr Verlauf ergibt sich aus den geschätzten konditionalen Effekten und den jeweils zugehörigen Standardfehlern, die mit der oben angegeben Formel berechnet werden kön-

Abbildung 6: Die konditionalen Effekte formaler Bildung

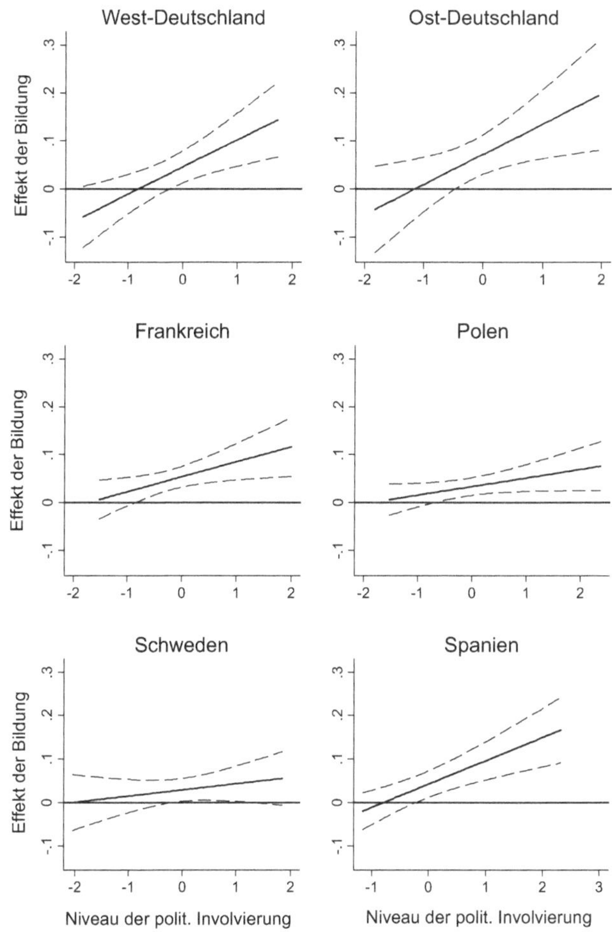

Anmerkungen: Die durchgezogenen Linien zeigen die geschätzten marginalen Effekte des formalen Bildungsniveaus in Abhängigkeit vom Niveau politischer Involvierung, die gestrichelten Linien die Grenzen des zugehörigen 95%-Konfidenzintervalls.

nen. Ein signifikanter Effekt existiert nur dann, wenn die Grenzen dieses Intervalls den Wert Null nicht umschließen. Verdeutlicht wird dieser Wert von Null durch eine eingezeichnete Horizontale. Für die Interpretation von Abbildung 6 folgt hieraus, dass signifikante positive Effekte nur bei jenen Involvierungsniveaus vorliegen, bei denen beide gestrichelten Linien oberhalb der eingezeichneten Horizontalen verlaufen.

Die grafische Darstellung ermöglicht eine allgemeine Beschreibung der konditionalen Bildungseffekte. Bei minimaler Involvierung leistet die formale Bildung in keinem der untersuchten Länder einen signifikanten Beitrag zur Erklärung des individuellen Partizipationsverhaltens, gleiches gilt für einen unterschiedlich großen Bereich niedriger Involvierung. Erst ab einem bestimmten Mindestniveau psychologischer Eingebundenheit in das politische System kann ein signifikanter positiver Bildungseffekt bestätigt werden, der mit zunehmender Involvierung immer größer wird. Bei maximaler Involvierung liegt der marginale Effekt der Bildung zwischen 0,1 und 0,2 – aufgrund der insgesamt sechsstufigen Skala bedeutet dieser Wert, dass sich z. B. in Ostdeutschland Akademiker an durchschnittlich 1,2 Partizipationsaktivitäten mehr beteiligen als Bürger mit einem Hauptschulabschluss. Angesichts eines Mittelwertes von 0,58 Partizipationsaktivitäten in den neuen Bundesländern impliziert dies ein großes Maß an partizipatorischer Ungleichheit.

Abbildung 6 hilft auch bei der Bewertung der möglichen Interaktionen zwischen Involvierung und Bildungsgrad in Polen und Schweden. Für beide Länder konnte auf der einen Seite die Erwartung eines nur unter bestimmten Bedingungen signifikanten Effekts der formalen Bildung bestätigt werden, auf der anderen Seite wurden aber insignifikante Koeffizienten der Interaktionsterme geschätzt. In der Abbildung für Polen verläuft die durchgezogene Linie flacher als in den Abbildungen für beide Teile Deutschlands, Frankreich und Spanien. Trotzdem weist sie aber substanziell die gleichen Eigenschaften auf wie in diesen vier Ländern, für die die Interaktionshypothesen mit hinreichender statistischer Sicherheit bestätigt werden konnten. In einem bestimmten Bereich niedriger Involvierung, dessen Breite etwa den entsprechenden Bereichen in Frankreich und Spanien entspricht, liegt die untere Grenze des Konfidenzintervalls unterhalb der Null-Linie; oberhalb eines erforderlichen Mindestniveaus politischer Involvierung kann dagegen durchgehend der von Verba et al. erwartete positive Einfluss der formalen Bildung bestätigt werden. Trotz des gemischten statistischen Befundes haben die empirischen Analysen daher die theoretisch erwartete Interaktion der beiden Determinanten politischer Partizipation substanziell bestätigt.

Anders sieht es hingegen für den Fall Schwedens aus. Zwar kann auch dort für eine große Gruppe von Bürgern mit niedriger Involvierung kein signifikanter Bildungseffekt festgestellt werden (bei minimaler Involvierung wird sogar exakt ein Effekt von Null geschätzt) – anders als in den übrigen fünf Ländern lässt sich aber auch bei maximaler Involvierung kein positiver Einfluss des formalen Bildungsgrades mit hinreichender statistischer Sicherheit bestätigen. Ein signifikanter Bildungseffekt zeigt sich für die vorliegenden Daten nur in einem relativ schmalen Bereich mittlerer und leicht überdurchschnittlicher Involvierung, was den theoretischen Erwartungen eindeutig widerspricht. Ursächlich für diesen abweichenden Befund ist erstens der Verlauf des Konfidenzintervalls, das aufgrund zunehmender Kollinearität der konstitutiven Terme mit dem Produktterm sowohl bei niedriger als auch bei hoher Involvierung relativ breit ist. Allerdings handelt es sich hierbei um kein Spezifikationsproblem, sondern um eine den Daten inhärente Schwierigkeit (vgl. Kam und Franzese 2005). Zweitens hängt das Ergebnis aber auch damit zusammen, dass für alle – insbesondere auch für hohe – Involvierungsniveaus nur betragsmäßig geringe Bildungseffekte geschätzt werden, was mit den (unkonditionalen) Schätzungen anderer Analysen übereinstimmt (vgl. Roller und Rudi 2008: 269). Letztlich bestätigt die empirische Analyse für Schweden daher weder den nicht-konditionalen Kausalzusammenhang des grundlegenden *Civic Voluntarism Model* noch die konditionale Kausalhypothese des erweiterten Partizipationsmodells eindeutig.[60]

Abbildung 6 zeigt im Einklang mit den theoretischen Erwartungen, dass von der formalen Bildung als partizipationsrelevanter Ressource nur dann ein positiver Effekt ausgeht, wenn die Bürger ausreichend politisch involviert sind. Die erforderlichen Mindestniveaus der Involvierung unterscheiden sich dabei jedoch zwischen den Ländern und können aus der Grafik nur ungefähr abgelesen werden. Tabelle 10 auf der nächsten Seite zeigt diese national mindestens erforderlichen Niveaus psychologischer Eingebundenheit, die in beiden Teilen Deutschlands, in Schweden und Spanien nicht weit vom Länderdurchschnitt (der zentrierten Variablen) entfernt liegen. Zudem zeigen sie für jedes Land den Prozentsatz jener Befragten, die eine höhere Involvierung als den entsprechenden Grenzwert aufweisen.[61] Dieser Anteil kann als Schätzung für den Bevölkerungsanteil interpretiert werden, bei dem ein signifikanter positiver Bildungsanteil angenommen werden kann. In Frankreich und Polen gilt dies für mehr als 80 Prozent der Bevölkerung, in den anderen Ländern dagegen für weniger als 65 Prozent. Empirische Analysen, die sich der nicht-konditionalen Formulierung des *Civic Voluntarism Model* bedienen, werden einen generellen positiven Effekt der Bildung „bestätigen“ (vgl. Ergebnisse des Basismodells in Tabelle 6) und dementsprechend z. B.

---

60 Eine mögliche Ursache für diese Abweichung könnte (neben nationalen Besonderheiten des Schulsystems) die außergewöhnlich starke Ausrichtung auf Verhandlung, Integration und Interessenausgleich darstellen, durch die sich das politische System und die politische Kultur Schwedens auszeichnen (vgl. Jahn 2003: 91, 115-117).

61 Da im Fall Schwedens auch bei maximaler Involvierung kein signifikanter Bildungseffekt bestätigt werden kann, ist hier hingegen der Anteil der Befragten mit mittlerer politischer Involvierung angegeben, für die von einem signifikanten Effekt ausgegangen werden kann (siehe Abbildung 6).

in Westdeutschland für 46 Prozent der Bürger zu falschen Schlüssen kommen. Diese für große Teile der Bevölkerung unkorrekten Erkenntnisse müssen zweifelsfrei als erhebliche Kosten infolge der zu sparsamen Formulierung des Basismodells eingestuft werden. Die empirische Untersuchung der vermuteten Interaktion zwischen Involvierung und Bildung hat somit für fünf der untersuchten Länder (mit der Ausnahme von Schweden) die in Hypothese 4b formulierte Abhängigkeit des Bildungseffekts vom Niveau der politischen Involvierung bestätigt, so dass zumindest in dieser Hinsicht eine Überlegenheit des erweiterten Modells konstatiert werden kann.

Tabelle 10: Bevölkerungsanteil mit signifikantem Bildungseffekt

Land/Region	W-D	O-D	F	PL	S	E
Mindestniveau politischer Involvierung	-0,22	-0,34	-1,20	-0,70	-0,16[1]	-0,21
Bevölkerungsanteil	53,8	59,7	89,1	83,0	51,3	64,7

Anmerkungen: Berechnungen auf Basis der 3. Welle des European Social Survey. Anmerkung: [1] Signifikanter positiver Effekt in Schweden nur bei einem mittleren Involvierungsniveau (zwischen -0,16 und 1,30).

Das interaktive Zusammenwirken von politischer Involvierung und gesellschaftlicher Netzwerkeinbindung wird analog durch Abbildung 7 illustriert. Auch hier zeigen die durchgezogenen Linien für alle Länder den Verlauf des geschätzten Netzwerkeffekts in Abhängigkeit vom Involvierungsniveau, der durch die Formel $d\hat{P}/dN = \hat{\beta}_3 + \hat{\beta}_5 I$ beschrieben wird. Die beiden gestrichelten Kurven stellen erneut die Grenzen des 95%-Konfidenzintervalls dar. Im Vergleich zu der Wechselwirkung zwischen formaler Bildung und Involvierung zeigen sich hier noch deutlichere und vor allem länderübergreifend einheitliche Ergebnisse. Wie das positive Anstiegsmaß der durchgezogenen Linien verdeutlicht, nimmt der Netzwerkeffekt mit steigendem Involvierungsniveau in allen Ländern stark zu (siehe Abbildung 7 auf der folgenden Seite).

Bei niedriger Involvierung geht von der gesellschaftlichen Einbindung in keinem Land ein signifikanter positiver Effekt aus, wobei der Koeffizient in Spanien einen p-Wert von 0,058 aufweist, der nur knapp oberhalb der üblichen Irrtumswahrscheinlichkeit von fünf Prozent liegt. Bei mittleren und noch höheren Involvierungsniveaus kann dagegen in allen Ländern ein positiver Zusammenhang zwischen Netzwerkeinbindung und politischer Beteiligung mit großer statistischer Sicherheit bestätigt werden. Besonders groß ist die Wirkung der gesellschaftlichen Einbindung bei stark involvierten spanischen Bürgern, für die das erwartete Partizipationsniveau mit jedem zusätzlichen Schritt auf der sechsstufigen Einbindungsskala um etwa 0,3 Einheiten ansteigt. Daraus folgt eine erwartete

Differenz von 1,8 Partizipationsaktivitäten zwischen nicht eingebundenen Personen und sehr aktiven Bürgern, die sich wöchentlich in Vereinen, Verbänden oder gemeinnützigen Organisationen engagieren – bei einem mittleren Partizipationsniveau von 0,58 Aktivitäten.

Abbildung 7: Die konditionalen Effekte gesellschaftlicher Netzwerke

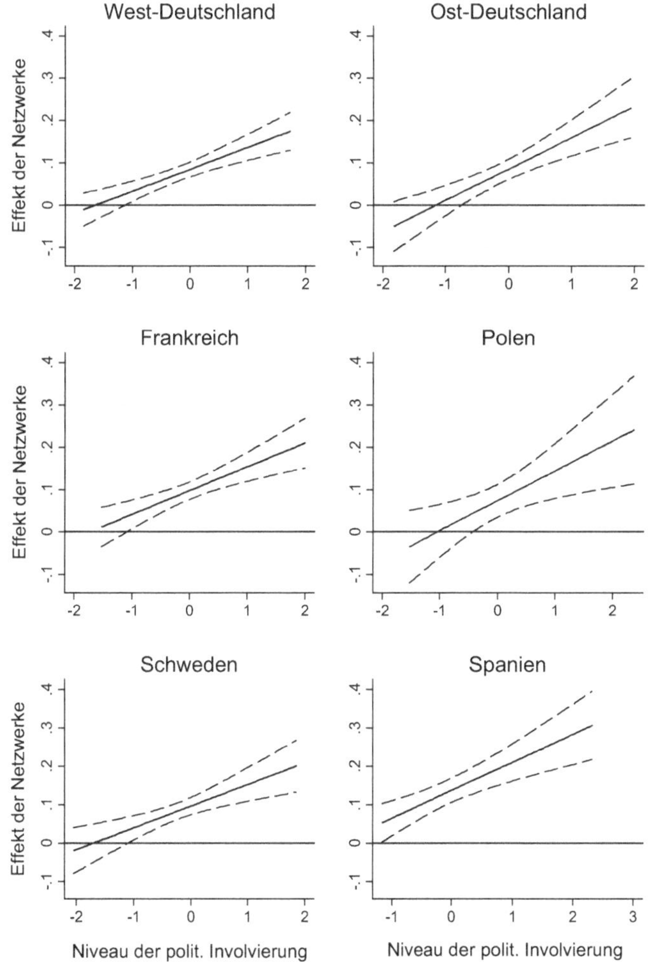

Anmerkungen: Die durchgezogenen Linien zeigen die geschätzten marginalen Effekte der Netzwerk-Einbindung in Abhängigkeit vom Niveau politischer Involvierung, die gestrichelten Linien die Grenzen des zugehörigen 95%-Konfidenzintervalls.

Tabelle 11 zeigt erneut die national unterschiedlichen Niveaus politischer Involvierung, die für einen positiven Netzwerkeffekt mindestens vorliegen müssen. In den meisten Ländern kann für mehr als 80 Prozent der Bevölkerung von einem signifikanten Kausalzusammenhang zwischen gesellschaftlicher Einbindung und politischer Partizipation ausgegangen werden, da jeweils über vier Fünftel der Bürger mindestens das erforderliche Niveau politischer Involvierung aufweisen. Mit 62,3 Prozent deutlich geringer ist dieser Anteil der Bevölkerung aber in Polen, wo die überwiegende Mehrheit der Bürger nie in gesellschaftlichen Netzwerken aktiv ist (siehe Tabelle 11). Zusammenfassend kann festgehalten werden, dass Hypothese 5b durchgängig für alle Länder bestätigt werden konnte. Die Referenz-Hypothese eines generellen Kausaleffekts der Netzwerkeinbindung, wie ihn das grundlegende *Civic Voluntarism Model* postuliert, muss hingegen erneut für substanzielle Teile der Bevölkerung abgelehnt werden, auch wenn diese Anteile nun in den meisten Ländern mit fünf bis zwanzig Prozent der Bevölkerung geringer sind. Die starke Abhängigkeit des Netzwerkeffekts vom Niveau der politischen Involvierung deutet auch hier auf eine adäquatere Beschreibung des Partizipationsverhaltens europäischer Bürger durch das erweiterte Modell hin.

Tabelle 11: Bevölkerungsanteil mit signifikantem Netzwerkeffekt

Land/Region	W-D	O-D	F	PL	SW	E
Mindestniveau politischer Involvierung	-1,12	-0,72	-0,99	-0,35	-1,06	-1,15
Bevölkerungsanteil	90,0	82,1	84,7	62,3	91,0	95,0

Anmerkung: Berechnungen auf Basis der 3. Welle des European Social Survey.

Zuletzt soll überprüft werden, inwieweit die Kausalwirkung der politischen Involvierung substanziell durch die Interaktionen mit der formalen Bildung und der gesellschaftlichen Einbindung beeinflusst wird. Die signifikanten Koeffizienten beider Produktterme haben bereits bestätigt, dass der Involvierungseffekt mit großer statistischer Sicherheit vom formalen Bildungsgrad und der Netzwerk-Einbindung abhängt. Mathematisch ergibt sich der Effekt der politischen Involvierung als:

$$d\hat{P} / dI = \hat{\beta}_1 + \hat{\beta}_4 B + \hat{\beta}_5 N .$$

Von großer substanzieller Relevanz ist dabei, ob sich gemäß Hypothese 6b selbst bei niedrigem Bildungsgrad bzw. fehlender gesellschaftlicher Einbindung ein positiver Effekt der beschriebenen psychologischen Prädispositionen bestätigen lässt oder ob auch politische Involvierung als nutzenbezogene Erklärungsvariable nur unter bestimmten Bedingungen einen Einfluss auf das Partizipationsverhalten hat. Im zweiten Fall müssen entgegen der theoretischen Erwartungen auch ein Mindestmaß an formaler Bildung und/oder gesellschaftlicher Einbindung als notwendige Bedingungen politischer Beteiligung eingestuft werden.

Abbildung 8 auf der folgenden Seite zeigt die geschätzten Involvierungseffekte für verschiedene Konstellationen der beiden interagierenden Variablen. Für jedes Land sind dabei drei parallele Linien abgetragen, die jeweils unter Konstanthaltung der gesellschaftlichen Einbindung die Abhängigkeit des Einflusses politischer Involvierung vom formalen Bildungsniveau zeigen.[62] Die oberste Linie zeigt dabei in allen Ländern den Effekt der Involvierung für maximal eingebundene Bürger, die sich mindestens einmal pro Woche in gesellschaftlichen Netzwerken engagieren. Die mittlere Linie stellt die Wirkungen der Involvierung für die Gruppe von Bürgern dar, deren gesellschaftliche Einbindung genau dem jeweiligen nationalen Durchschnitt entspricht. Die unterste Linie schließlich illustriert den geschätzten Involvierungseffekt für Bürger ohne jegliche Netzwerkeinbindung. Am vertikalen Abstand zwischen den Linien lässt sich daher jeweils die Abhängigkeit des Effekts politischer Involvierung vom Niveau gesellschaftlicher Einbindung ablesen. Der Abstand zwischen oberster und unterster Linie entspricht jeweils $5\hat{\beta}_5 (= (N_{\max} - N_{\min})\hat{\beta}_5$ und liegt in allen Ländern zwischen 0,25 und 0,35 Einheiten. Die qualitative Bedeutung dieses Interaktionseffekts ist angesichts durchschnittlicher Involvierungseffekte in der gleichen Größenordnung nicht zu vernachlässigen (siehe Tabelle 7 auf Seite 70). Die konkrete Position der mittleren Linie hängt nicht nur von $\hat{\beta}_4$ ab, sondern auch vom jeweiligen nationalen Durchschnitt der Netzwerkvariable.

Besonders deutlich wird dies in der Grafik für Polen, in der die mittlere Linie aufgrund der äußerst geringen Netzwerkeinbindung im Landesdurchschnitt kaum von der untersten Linie abweicht. Diese nationale Besonderheit erklärt zumindest teilweise, warum im Basismodell für Polen ein sehr viel geringerer Involvierungseffekt geschätzt wurde als für die anderen fünf Länder (siehe Tabelle 6 auf Seite 68). Polnische Bürger nehmen eine zusätzliche politische Involvierung unter anderem deshalb nur zum Anlass einer geringen Ausweitung ihrer politischen Aktivität, weil weite Teile der Bevölkerung keinerlei Einbindung in gesellschaftliche Netzwerke aufweisen, was aus theoretischer Perspektive sowohl zu weniger Informationen über Beteiligungsmöglichkeiten als auch zu höheren Partizipationskosten führt.

Weiterhin verdeutlicht Abbildung 8 die Abhängigkeit des Involvierungseffekts vom formalen Bildungsniveau der Bürger, die am (einheitlichen) Anstiegsmaß der parallelen Linien abgelesen werden kann. Diese Steigung entspricht jeweils dem geschätzten Koeffizienten des Interaktionsterms $\hat{\beta}_4$ (Involvierung × Bildung) und ist für alle sechs Länder positiv. Die geringeren Anstiegsmaße für Polen und

62 Das identische Anstiegsmaß aller drei Linien folgt dabei aus der gewählten Spezifikation, die unabhängige bzw. additive Einflüsse von formaler Bildung und gesellschaftlicher Einbindung auf den Effekt der politischen Involvierung modelliert.

Schweden sind dabei auf die geringeren (und nicht signifikanten) Koeffizienten der entsprechenden Interaktionsterme zurückzuführen.

Abbildung 8: Die konditionalen Effekte politischer Involvierung

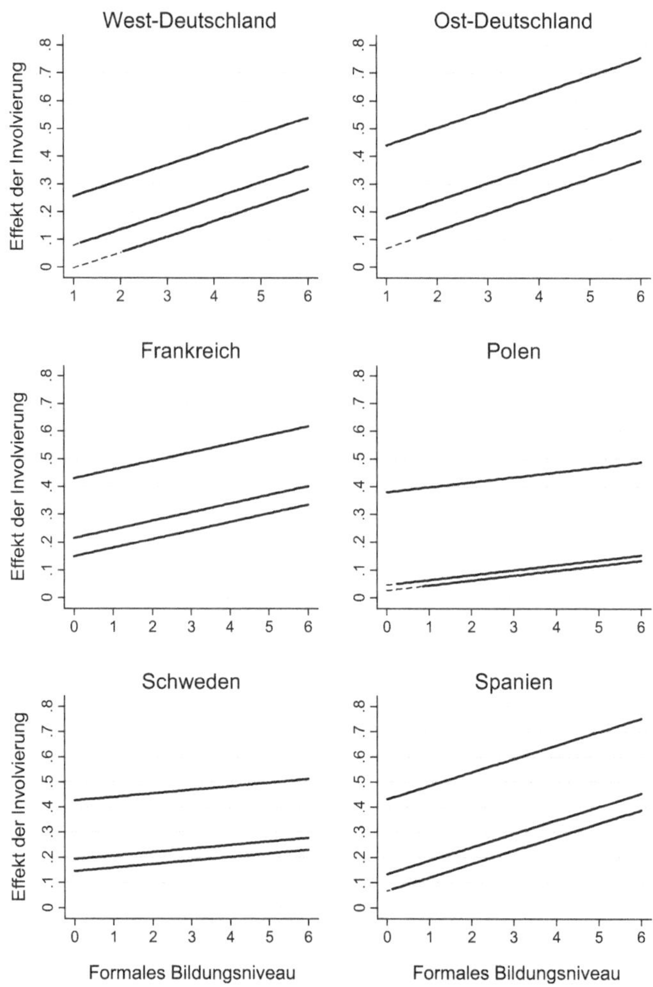

Anmerkungen: Die oberste Linie stellt jeweils die marginalen Effekte der politischen Involvierung bei maximaler Netzwerk-Einbindung dar, die mittlere Linie bei durchschnittlicher und die unterste Linie bei minimaler Einbindung (jeweils in Abhängigkeit vom Bildungsniveau). Dabei repräsentieren durchgezogene Linien signifikante positive Effekte (p < 0,05), während gestrichelte Linien auf insignifikante Effekte hinweisen.

Insgesamt zeigt Abbildung 8 eine erhebliche Heterogenität des Involvierungseffekts, die vor allem auf die gleichzeitige Existenz von zwei moderierenden Variablen zurückzuführen ist. Der geringste marginale Effekt der politischen Involvierung liegt in allen Ländern im Wertebereich zwischen 0 und 0,15 (für minimale formale Bildung und minimale Netzwerkeinbindung), der höchste positive Effekt dagegen zwischen 0,5 und 0,75 – und damit teilweise mehr als fünfmal so hoch.

Trotz der stark differierenden Höhe des Involvierungseffekts ist dieser aber für fast alle Kombinationen von formaler Bildung und gesellschaftlicher Einbindung signifikant größer als Null. Aus Gründen der Übersichtlichkeit wurden in Abbildung 8 keine Konfidenzintervalle eingetragen. Stattdessen werden signifikante Effekte in Form durchgezogener Linien dargestellt, während gestrichelte Linien auf die Insignifikanz der geschätzten Effekte hinweisen (bei einer Vertrauenswahrscheinlichkeit von 95%).[63] Die vollständig durchgezogenen Linien für Frankreich und Schweden zeigen dementsprechend an, dass ein positiver Involvierungseffekt selbst bei der ungünstigsten Kombination der beiden interagierenden Variablen statistisch bestätigt werden kann.

Für Ostdeutschland, Polen und Spanien gibt es hingegen genau eine Konstellation, in der die Nullhypothese (kein Involvierungseinfluss) nicht abgelehnt werden kann. Für Bürger ohne jegliche Einbindung in gesellschaftliche Netzwerke, die zudem über keinerlei formalen Bildungsabschluss (in Polen und Spanien) bzw. nur über primäre Schulbildung (in den neuen deutschen Bundesländern) verfügen, existiert kein signifikanter Zusammenhang zwischen den betrachteten politischen Einstellungen und der individuellen Beteiligung an politischen Entscheidungsprozessen. Einzig in Westdeutschland kann für eine größere Zahl möglicher Konstellationen kein positiver Involvierungseffekt bestätigt werden, nämlich auch für Bürger mit niedriger sekundärer Schulbildung (ohne jegliche Netzwerkeinbindung) sowie für Bürger mit primärer Schulbildung, die seltener als einmal pro Vierteljahr in gesellschaftlichen Organisationen aktiv werden.

Tabelle 12 zeigt für alle sechs Länder den Prozentsatz der Bürger, für die ein signifikanter Involvierungseffekt angenommen werden kann. In vier der Länder kann ein solcher Effekt für eine überwältigende Mehrheit von jeweils mindestens 97 Prozent der Bürger bestätigt werden, nur in Westdeutschland und Spanien liegt dieser Anteil mit etwa 90 Prozent niedriger. Die Größe dieser Gruppe erklärt sich für Westdeutschland daraus, dass wie beschrieben für eine größere Anzahl an Kombinationen der beiden moderierenden Variablen (Bildung und Netzwerke) kein signifikanter Involvierungseffekt geschätzt wurde. In Spanien wird das übliche Signifikanzniveau von 0,05 dagegen nur für eine Konstellation nicht erreicht, nämlich für Bürger ohne Bildungsabschluss und ohne jegliche

63 Die gewählte Darstellungsform orientiert sich an einem Vorschlag von Brambor et al. (vgl. Brambor et al. 2007: 7-8).

Einbindung in gesellschaftliche Netzwerke. Allerdings ist die Gruppe der betreffenden Bürger größer als in den anderen Ländern, was vor allem mit dem erstaunlich hohen Anteil von Befragten ohne primäre Schulbildung zusammenhängt (14,9 Prozent).

Tabelle 12: Bevölkerungsanteil mit signifikantem Involvierungseffekt

Land/Region	W-D	O-D	F	PL	SW	E
Anteil der Bürger mit signifikantem Involvierungseffekt	90,6	98,9	100,0	97,3	100,0	89,1

Anmerkung: Berechnungen auf Basis der 3. Welle des European Social Survey.

Die in Hypothese 6b formulierte Annahme eines grundsätzlichen positiven Effekts der politischen Involvierung kann folglich nicht vollständig bestätigt werden – allerdings ergibt sich auch keine starke Abweichung davon. Im Vergleich zu gesellschaftlichen Netzwerken und formaler Bildung ergibt sich bei der politischen Involvierung für sehr viel größere Teile der Bevölkerung ein signifikanter Einfluss. Die Stärke der Involvierungseffekte variiert dabei jedoch erheblich mit dem Niveau der beiden interagierenden Variablen.

7.3 Das Zusammenwirken der Determinanten politischer Partizipation: Illustration am Fall Spaniens

Die Auswertung der empirischen Analysen hat deutlich gezeigt, dass zwischen den Determinanten politischer Partizipation sowohl statistisch signifikante als auch substanziell bedeutsame Interaktionen bestehen. Abschließend sollen die Auswirkungen dieses Zusammenwirkens der unabhängigen Variablen durch eine grafische Darstellung der prognostizierten Partizipationsniveaus für ausgewählte Konstellationen illustriert werden. Die Grafiken können direkt aus den oben geschätzten Regressionskoeffizienten abgeleitet werden, ermöglichen durch die veränderte Perspektive aber eine weitere Verdeutlichung der substanziellen Bedeutung der Wechselwirkungen zwischen politischer Involvierung und formaler Bildung sowie gesellschaftlicher Einbindung (vgl. Kam und Franzese 2005: 54-55). Exemplarisch erfolgt daher eine grafische Darstellung an dieser Stelle nur für den Fall Spaniens.[64]

Abbildung 9 zeigt das Zusammenwirken von politischer Involvierung und formaler Bildung bei der Erklärung politischer Beteiligung. Auf der Ordinate sind die prognostizierten Werte der abhängigen Variable (Partizipation) abgetragen, auf

[64] Da in den anderen Ländern qualitativ sehr ähnliche empirische Ergebnisse geschätzt wurde, ergeben sich auch in dieser Darstellungsform keine substanziellen Unterschiede (siehe Abbildungen A1-A5 im Anhang).

der Abszisse das formale Bildungsniveau der spanischen Bürger. Die durchgezogenen Linien zeigen für zwei verschiedene Niveaus der politischen Involvierung den Zusammenhang zwischen formaler Bildung und prognostizierter Partizipation, die Folgen einer isolierten Zunahme der Bildung (bei Konstanthaltung aller anderen Variablen) lassen sich an den Steigungen der Linien erkennen. Die gestrichelten Linien zeigen jeweils die 95%-Konfidenzintervalle der prognostizierten politischen Beteiligung und ermöglichen daher eine Berücksichtigung der enthaltenen statistischen Ungenauigkeit. Alle anderen unabhängigen Variablen werden konstant gehalten.

Die obere durchgezogene Linie zeigt die erwarteten Partizipationswerte für Personen mit maximaler politischer Involvierung. Ihr relativ steil ansteigender Verlauf reflektiert den hohen positiven Bildungseffekt, der im Falle entsprechender psychologischer Prädispositionen auf das individuelle Partizipationsverhalten wirkt und aus einer Vielzahl von empirischen Untersuchungen bekannt ist. Die untere Kurve beschreibt dagegen den Zusammenhang zwischen Bildungsgrad und bürgerlicher Beteiligung für den Fall einer minimalen politischen Involvierung. Diese Linie steigt im Widerspruch zu den unkonditionalen Kausalhypothesen des *Civic Voluntarism Model* nicht an – tatsächlich sagt das linear-multiplikative Regressionsmodell unter diesen Bedingungen für Akademiker sogar ein etwas niedrigeres Partizipationsniveau vorher als für Bürger mit sehr niedriger formaler

Abbildung 9: Das Zusammenwirken formaler Bildung und politischer Involvierung in Spanien

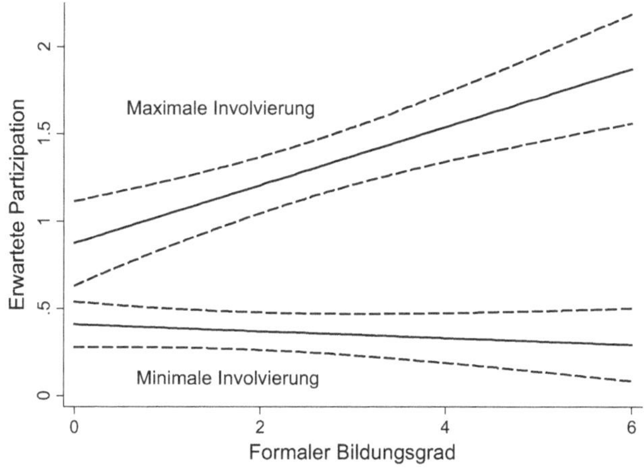

Anmerkung: Dargestellt sind die prognostizierten Niveaus politischer Partizipation für weibliche Befragte mittleren Alters (42 bis 53 Jahre) mit durchschnittlicher Netzwerk-Einbindung sowie die Grenzen der zugehörigen 95%-Konfidenzintervalle.

Bildung. Der Verlauf der Grenzen des zugehörigen Konfidenzintervalls macht in jedem Fall deutlich, dass bei niedriger Involvierung keine signifikanten Unterschiede zwischen den Bürger mit hohem und niedrigem Bildungsgrad existieren.

Auch der Einfluss der politischen Involvierung entspricht exakt den theoretisch abgeleiteten Erwartungen. Je höher der formale Bildungsgrad, desto größer ist der vertikale Abstand zwischen beiden Kurven und damit auch der Einfluss der Involvierung auf die vorhergesagte Partizipation. Selbst bei dem niedrigsten Bildungsniveau liegen die Prognosewerte für stark involvierte Personen noch klar über denen für Bürger mit minimaler Involvierung. Da sich die Konfidenzintervalle auch am linken Rand der Abbildung nicht überlappen, besteht auch in diesem Fall ein signifikanter Involvierungseffekt (siehe Abbildung 9).[65]

Abbildung 10 zeigt ebenfalls den gemeinsamen Einfluss politischer Involvierung und formaler Bildung, wobei auf der horizontalen Achse nun das Involvierungsniveau abgetragen ist. Die obere Linie zeigt die geschätzten Partizipationsniveaus von Bürger mit dem höchsten formalen Bildungsgrad – also für Hochschulabsol-

Abbildung 10: Das Zusammenwirken politischer Involvierung und formaler Bildung in Spanien

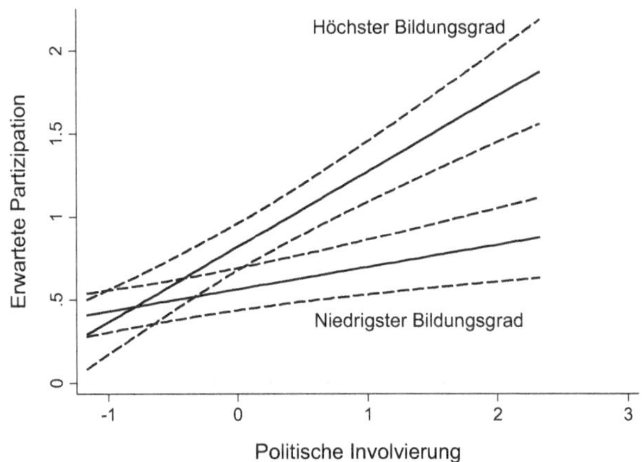

Anmerkung: Dargestellt sind die prognostizierten Niveaus politischer Partizipation für weibliche Befragte mittleren Alters (42 bis 53 Jahre) mit durchschnittlicher Netzwerk-Einbindung sowie die Grenzen der zugehörigen 95%-Konfidenzintervalle.

---

65 Dieser signifikante Effekt gilt zumindest für den hier dargestellten Fall von Bürgern mit durchschnittlicher Einbindung in gesellschaftliche Netzwerke. Bei Konstanthaltung der Netzwerk-Variable auf ihrem minimalen Niveau würden sich die beiden Konfidenzintervalle dagegen überlappen (siehe auch Abbildung 8).

venten – in Abhängigkeit vom Involvierungsniveau (sowie die zugehörigen Konfidenzintervalle). An der unteren Linie kann dagegen die prognostizierte politische Aktivität von spanischen Bürgern ohne jeglichen Schulabschluss abgelesen werden. Wie erwartet weisen beide Linien ein positives, wenn auch unterschiedlich steiles Steigungsmaß auf.

Besonders deutlich wird in dieser Darstellung die schon zuvor beschriebene Konditionalität des Bildungseffektes, der am vertikalen Abstand beider Linien abgelesen werden kann. Im linken Drittel der Grafik überlappen sich die Konfidenzintervalle um beide Linien deutlich, so dass nicht von einem signifikanten Einfluss der Bildung ausgegangen werden kann. Bei maximaler politische Involvierung ergibt sich dagegen ein großer vertikaler Abstand: Für einen spanischen Akademiker wird unter dieser Bedingung ein mehr als doppelt so hohes Beteiligungsniveau (1,9) vorhergesagt wie für einen Bürger ohne abgeschlossene Schulausbildung (0,9). Dieser Befund impliziert ein großes Maß an partizipatorischer Ungleichheit gerade bei den Bürgern, die psychologisch am stärksten in das politische System eingebunden sind.

Abbildung 11 zeigt schließlich den interaktiven Einfluss von politischer Involvierung und gesellschaftlichen Netzwerken auf das individuelle Partizipationsverhalten. Auf der horizontalen Achse ist dabei erneut das Niveau politischer Involvierung abgetragen. Die obere Linie illustriert die Auswirkung variierender Involvie-

Abbildung 11: Das Zusammenwirken politischer Involvierung und gesellschaftlicher Einbindung in Spanien

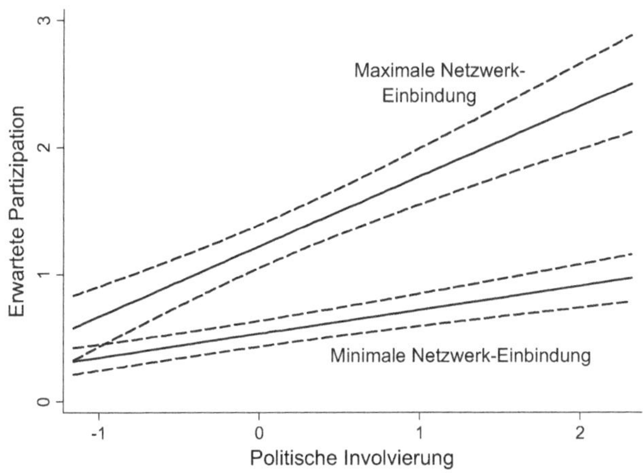

Anmerkung: Dargestellt sind die prognostizierten Niveaus politischer Partizipation für weibliche Befragte mittleren Alters (42 bis 53 Jahre) mit durchschnittlichem formalem Bildungsniveau sowie die Grenzen der zugehörigen 95%-Konfidenzintervalle.

rung für Personen, die sich wöchentlich in gesellschaftlichen Netzwerken engagieren und damit die maximale gesellschaftliche Einbindung aufweisen. Sie steigt deutlich steiler an als die untere Linie, welche die prognostizierte Partizipation von Bürgern ohne jegliche Netzwerk-Einbindung zeigt. Erneut ist aber auch für die untere Linie ein klar positives Anstiegsmaß zu erkennen, das einen signifikanten Effekt der Involvierung widerspiegelt.[66]

Am vertikalen Abstand der beiden Linien kann nun der Einfluss der Netzwerk-Einbindung auf das geschätzte Partizipationsniveau abgelesen werden. Bei maximaler Involvierung – also am rechten Rand der Abbildung – ist dieser Einfluss sehr groß, Bürger mit wöchentlicher Beteiligung in gesellschaftlichen Organisationen partizipieren mit erwarteten 2,5 Aktivitäten mehr als doppelt so viel wie Bürger ohne gesellschaftliche Einbindung (etwa 0,95 erwartete Aktivitäten). Im Gegensatz dazu ist der vertikale Abstand zwischen beiden Linien bei geringer Involvierung nur noch sehr klein. Wie in der vorherigen Abbildung überlappen sich die Konfidenzintervalle, was grafisch auf die fehlende Signifikanz des Netzwerkeffekts für diese Konstellation hinweist (siehe Abbildung 11).

Die empirischen Ergebnisse für Spanien entsprechen nahezu exakt den theoretisch abgeleiteten Erwartungen, die in den Abbildungen 4 und 5 auf den Seiten 46 sowie 47 grafisch dargestellt wurden. Auch für die anderen analysierten Länder ergeben sich mit geringen nationalen Unterschieden qualitativ die gleichen Zusammenhänge, wie die Abbildungen A1 bis A5 im Anhang zeigen. Insbesondere ergibt sich dabei in keinem der Länder auch nur annähernd ein paralleler Verlauf der beiden Linien, wie er im *Civic Voluntarism Model* nach Verba et al. a priori durch die linear-additive Spezifikation des Regressionsmodells vorgegeben wird (siehe Abbildungen A1 bis A5 im Anhang).

66 Wenn dagegen die formale Bildung ebenfalls auf ihrem niedrigsten Wert gehalten würde (und nicht wie in der Grafik auf dem durchschnittlichen Niveau), ergäbe sich kein signifikanter Involvierungseffekt mehr (siehe auch Abbildung 8).

8 Schlussteil

In dieser Arbeit wurde untersucht, ob das *Civic Voluntarism Model* von Verba et al. (1995) in der Lage ist, das individuelle Partizipationsverhalten theoretisch und empirisch angemessen zu erklären. Wie beschrieben wurde, zeichnet es sich durch eine relativ sparsame technische Modellierung in Form unkonditionaler Hypothesen über die Effekte von politischer Involvierung, formaler Bildung und gesellschaftlicher Einbindung aus. Allerdings sind diese Annahmen genereller und konstanter Effekte der zentralen Determinanten politischer Partizipation aus theoretischer Sicht nicht überzeugend. In Kapitel 4 wurde vielmehr dargelegt, dass formale Bildung und gesellschaftliche Netzwerke nur bei solchen Bürgern einen Effekt auf politische Beteiligung haben sollten, die eine hinreichend starke politische Involvierung aufweisen und daher grundsätzlich einen Nutzen aus der politischen Aktivität ziehen können. Wenig involvierte Bürger werden sich hingegen selbst dann kaum für eine politische Mitwirkung entscheiden, wenn ihnen diese nur einen geringen Aufwand bereiten würde und sie sehr gut über ihre Partizipationsmöglichkeiten informiert sind. Folglich ist bei dieser Personengruppe im Gegensatz zu den Hypothesen des *Civic Voluntarism Model* kein kausaler Einfluss formaler Bildung und gesellschaftlicher Einbindung auf das individuelle Partizipationsverhalten zu erwarten. Vice versa muss auch davon ausgegangen werden, dass der partizipationsfördernde Effekt politischer Involvierung umso größer ist, je höher der formale Bildungsgrad und das Niveau gesellschaftlicher Einbindung eines Bürgers ist.

Auf Basis dieser theoretischen Überlegungen wurde ein erweitertes Partizipationsmodell entwickelt, das detaillierte Hypothesen über das konkrete Zusammenwirken der beschriebenen Erklärungsfaktoren beinhaltet und sich vom Basismodell nach Verba et al. (1995) durch die Annahme von statistisch signifikanten und inhaltlich bedeutsamen Interaktionen zwischen politischer Involvierung auf der einen Seite und formaler Bildung sowie gesellschaftlicher Einbindung auf der anderen Seite unterscheidet. Die empirischen Auswertungen haben gezeigt, dass dieses erweiterte Modell in allen sechs Analyseländern bzw. -regionen eine adäquatere und umfassendere Beschreibung des individuellen Partizipationsverhaltens ermöglicht als das Referenzmodell. Für sämtliche Länder konnte eine statistisch signifikante Interaktion zwischen politischer Involvierung und Netzwerk-Einbindung nachgewiesen werden, für vier Länder (beide Teile Deutschlands, Frankreich und Spanien) wurde auch die Wechselwirkung zwischen Involvierung und formaler Bildung bestätigt. Die weitere Untersuchung zeigte, dass substanziell auch von einer Existenz dieser Interaktion in Polen ausgegangen werden kann. Ein abweichender Befund ergibt sich nur für das Verhalten schwedischer Bürger, das generell kaum vom formalen Bildungsgrad beeinflusst wird.

Von noch größerer substanzieller Relevanz ist aber die länderübergreifende Bestätigung der vermuteten konditionalen Effekte von formaler Bildung und gesellschaftlicher Einbindung. Für sämtliche Länder konnte gezeigt werden, dass im Falle einer niedrigen politischen Involvierung von beiden Variablen kein signifikanter Einfluss auf das individuelle Partizipationsverhalten ausgeht – was gegenüber allen bisherigen Befunden der empirischen Partizipationsforschung eine neue Erkenntnis darstellt. Bei mittleren und hohen Involvierungsniveaus konnten hingegen signifikante und substanziell bedeutsame Effekte beider Determinanten nachgewiesen werden (wiederum mit der einzigen Ausnahme, dass in Schweden auch für Bürger mit maximaler Involvierung kein signifikanter Bildungseffekt nachgewiesen werden konnte). Alles in allem ergaben sich dabei große länderübergreifende Gemeinsamkeiten. Das erweiterte Partizipationsmodell scheint für alle sechs Analyseländer nicht nur aus statistischer Sicht, sondern auch substanziell ein umfassenderes Verständnis des individuellen Partizipationsverhaltens zu ermöglichen als das Basismodell nach Verba et al. (1995). Folglich muss konstatiert werden, dass die technisch sparsame Modellierung des *Civic Voluntarism Model* mit hohen Kosten in Bezug auf das Verständnis individueller Partizipationsentscheidungen einhergeht. Die vorgestellten empirischen Ergebnisse lassen einen Verzicht auf einen Teil der Sparsamkeit zugunsten komplexerer, weil konditionaler Kausalhypothesen sinnvoll erscheinen.

Die Konditionalität des Effektes formaler Bildung erfordert dabei aber eine neue Bewertung der Partizipationsungleichheit in den untersuchten Ländern. Aus normativer Sicht ist eine sehr ungleiche politische Aktivität von Bürgern mit niedriger und mit hoher Ressourcenausstattung problematisch, weil daraus ein bedenkliches Repräsentationsgefälle resultieren kann und im politischen Prozess gerade die Interessen jener Bürger stärker berücksichtigt werden, die aufgrund ihres sozioökonomischen Status auch im privaten Bereich schon bevorteilt sind. Häufig wird dabei als Maß für die Ungleichheit der Effekt formaler Bildung verstanden, der aber nach den empirischen Erkenntnissen dieser Arbeit nicht konstant ist. Vielmehr liegt in allen analysierten Ländern eine konditionale Ungleichheit der Partizipation vor: Während im Falle niedriger Involvierung keine signifikanten Unterschiede zwischen Bürgern mit sehr hoher und sehr niedriger formaler Bildung bestehen (beide Gruppen partizipieren fast überhaupt nicht), existiert bei stark involvierten Bürgern ein massives Partizipationsgefälle. Letzteres ist in allen untersuchten Ländern mehr als doppelt so groß, wie die Ergebnisse linear-additiver Regressionsanalysen es vermuten lassen.

Aus normativer Sicht stellt sich die Frage, wie dieser Befund einer konditionalen Ungleichheit bewertet werden muss. Die Vermutung liegt nahe, dass wenig involvierte Bürger (aus verschiedenen Gründen) selbst nicht sehr daran interessiert sind, ihre Interessen und Präferenzen in den politischen Entscheidungsprozess einzubringen. Unterschiede in dieser Gruppe wären daher zwar nicht wünschenswert, aber auch nicht besonders dramatisch. Dagegen ist davon auszugehen, dass Bürger mit hoher politischer Involvierung einen besonders großen Wert darauf legen, persönlich politisch mitwirken zu können – unabhängig von ihrem formalen Bildungsgrad. Wenn gerade bei dieser Personengruppe erhebliche Partizipationsdifferenzen auftreten, scheint dies ein erhebliches normatives Problem für demokratische Systeme darzustellen, deren Ziel eigentlich die gleichmäßige Berücksichtigung der Interessen aller Bürger ist. In einem Teil der untersuchten Länder ergab sich sogar der alarmierende Befund, dass bei Personen mit sehr niedriger Bildung eine Zunahme der politischen Involvierung ohne jegliche Wirkung auf das Partizipationsverhalten ist. Mit den Worten von Verba et al. (1995: 269): Anscheinend *können* sich diese Bürger nicht beteiligen, obwohl sie es unbedingt *wollen*, was eine extreme Form politischer Benachteiligung aufgrund sozioökonomischer Faktoren impliziert.[67] Sinnvoll und notwendig erscheint in jedem Fall eine ausführlichere Untersuchung der Ursachen und der (normativen) Folgen dieser konditionalen Ungleichheit der Partizipation, als sie an dieser Stelle erfolgen kann.

Die festgestellten Interaktionen sind auch für die Bewertung der Rolle politischer Einstellungen von großer Relevanz. Obwohl Verba et al. (1995) die Einstellungen der politischen Involvierung als unabhängige Variablen verwenden, weisen sie ihnen keine hohe theoretische Relevanz zu. Wie andere Autoren gehen sie davon aus, dass keine große Distanz zwischen politischen Einstellungen und politischem Verhalten bestehe, so dass die Feststellung eines engen Zusammenhanges nicht sehr überraschen könne. Aufgrund der beschriebenen Interaktionen der Involvierung mit formaler Bildung und gesellschaftlicher Einbindung muss diese Einschätzung jedoch relativiert werden, da von politischer Involvierung sehr heterogene Effekte ausgehen. Zwar ist davon auszugehen, dass stärker involvierte Bürger die verfügbaren Mitwirkungsmöglichkeiten tatsächlich positiver bewerten und mit größerer Wahrscheinlichkeit entsprechende Handlungsintentionen entwickeln – inwieweit diese veränderten Einstellungen aber tatsächlich zu einer Ausweitung des individuellen Partizipationsniveaus führen, hängt erheblich vom formalen Bildungsgrad und von der gesellschaftlichen Einbindung der Bürger ab. Aus theoretischer Sicht scheint daher eine Trennung zwischen Einstellungen der politischen Involvierung und politischem Verhalten ausgesprochen sinnvoll zu sein.

Die präsentierten empirischen Analysen haben gezeigt, dass die Berücksichtigung des interaktiven Zusammenwirkens der Determinanten politischer Beteiligung ein umfassenderes und adäquateres Verständnis des individuellen Partizipations-

---

[67] Unklar bleibt dabei, ob die politische Passivität dieser Bürger direkt auf deren niedrige Ressourcenausstattung, auf intervenierende psychologische Faktoren oder auf bestimmte Einflussfaktoren auf der Makro- bzw. Mesoebene des politischen Systems (etwa das Verhalten der politischen Elite) zurückzuführen ist.

verhaltens in sechs europäischen Ländern ermöglicht. In künftigen Analysen sollte untersucht werden, inwieweit diese Erkenntnisse auch auf das Wahlverhalten als zentrale Form bürgerlicher Beteiligung in demokratischen Systemen übertragen werden können, das hier aufgrund seiner zahlreichen Besonderheiten nicht berücksichtigt wurde. Wie in Abschnitt 2.2 beschrieben wurde, verursacht die Wahlbeteiligung einen besonders geringen Aufwand, zudem stehen den Bürgern aufgrund des hohen Institutionalisierungsgrades und der umfangreichen Medienberichterstattung wesentlich mehr Informationen zur Verfügung als bei anderen Partizipationsformen. Hinzu kommt, dass der Nutzen einer Stimmabgabe für viele Bürger relativ hoch sein dürfte – insbesondere aufgrund der Wahrnehmung einer informellen Wahlpflicht. Möglich erscheint auch unter diesen Umständen die Existenz von Wechselwirkungen, die aber eventuell auch ganz anders aussehen könnten als bei den hier untersuchten Partizipationsformen. So könnten Bürger mit hohem Interesse an den Wahlen und einer starken subjektiven Wahlnorm einen so hohen Nutzen aus ihrer Beteiligung ziehen, dass ihre Ausstattung mit individuellen Ressourcen und ihre gesellschaftliche Einbindung keinen Einfluss auf die Partizipationsentscheidung haben. Im Gegensatz dazu könnten beide Größen aber eine Rolle bei jenen Bürgern spielen, bei denen aufgrund einer niedrigen Involvierung und einer niedrigen Wahlnorm auch die Möglichkeit einer Nichtteilnahme an Wahlen effektiv in Betracht kommt. Eine detaillierte Analyse des Zusammenwirkens der erklärenden Variablen und möglicher Wechselwirkungen scheint jedenfalls auch im Fall der Wahlbeteiligung sinnvoll und von hoher theoretischer Relevanz.

Hinsichtlich der hier analysierten, nicht-elektoralen Partizipationsformen sollte zudem in künftigen Analysen untersucht werden, ob die formulierten konditionalen Kausalhypothesen auch für andere europäische und nichteuropäische Länder bestätigt werden können. Interessant wäre dabei insbesondere, ob der abweichende Befund einer nicht signifikanten Interaktion zwischen Involvierung und Bildung in Schweden einen einmaligen Sonderfall darstellt oder auch in anderen Ländern mit ähnlichen politischen und gesellschaftlichen Kontexten auftritt (etwa in den restlichen skandinavischen Staaten). Zur tiefer gehenden Untersuchung der Kausalzusammenhänge des individuellen Partizipationsverhaltens bieten sich weiterhin Pfadanalysen mit Hilfe von Strukturgleichungsmodellen an, mit denen neben den direkten Effekten der Determinanten politischer Mitwirkung auch deren indirekte Effekte analysiert werden können.[68] Besonders interessant wäre hierbei eine detaillierte Untersuchung der zentralen Rolle formaler Bildung, die nach verschiedenen Analysen auch eine der wichtigsten Determinanten der politischen Involvierung sowie der gesellschaftlichen Einbindung darstellt (vgl. z. B.

68 Erste Untersuchungen des Autors in dieser Richtung deuten darauf hin, dass die Signifikanz der hier festgestellten Interaktionen zwischen politischer Involvierung sowie formaler Bildung und gesellschaftlicher Einbindung auch bei der Analyse mit Strukturgleichungsmodellen bestätigt werden kann.

van Deth 2004, Hillygus 2005, Hadjar und Becker 2006). Sinnvoll erscheint es weiterhin, bei der normativen Bewertung der beschriebenen Ungleichheiten politischer Partizipation neben den direkten auch die indirekten Effekte der Ressourcenausstattung zu berücksichtigen.

Zudem kann eine solche Analyse als nächster Schritt bei der Beleuchtung des genauen Zusammenwirkens der Determinanten politischer Partizipation betrachtet werden, die in dieser Arbeit angestrebt wurde. Ein vollständiges Bild der individuellen Partizipationsentscheidungen kann erst bei expliziter Modellierung der Kausalzusammenhänge zwischen den erklärenden Variablen erreicht werden. Die theoretische Relevanz eines umfassenden Verständnisses folgt dabei vor allem aus der zentralen demokratietheoretischen Bedeutung, die in dem dieser Arbeit vorangestellten Zitat von Schlozman (2002) betont wird.

Anhang

Tabelle A1: Beteiligung an den verschiedenen Partizipationsformen

Land/Region	W-D	O-D	F	PL	S	E
Wahlbeteiligung	74,2	72,0	68,0	61,9	83,1	71,8
Unterschriftensammlung	26,0	32,0	33,2	5,5	44,3	22,8
Kontaktaufnahme	12,2	12,9	15,1	6,1	14,9	12,0
genehmigte Demonstration	6,4	8,7	14,8	1,4	4,8	18,2
Arbeit in Partei / polit. Gruppe	3,6	4,4	3,4	1,7	5,0	5,1

Quelle: 3. Welle des European Social Survey. Angegeben sind jeweils die Anteile der Personen, die nach eigenen Angaben in den zurückliegenden 12 Monaten die jeweilige Beteiligungsform genutzt hatten. Als Prozentuierungsbasis wurde jeweils die Zahl der Personen verwendet, die die entsprechende Frage beantworteten (im Fall der Wahlbeteiligung inklusive nicht wahlberechtigter Personen).

Tabelle A2: Verteilungen der unabhängigen Variablen nach Ländern

	W-D	O-D	F	PL	S	E
Politische Involvierung						
Mittelwert	0,00	0,00	0,00	0,00	0,00	0,00
Minimum	-1,84	-1,82	-1,52	-1,53	-2,04	-1,16
Maximum	1,73	1,94	1,96	2,36	1,85	2,32
Standardabweichung	0,94	0,84	0,85	0,84	0,81	0,92
n	1694	1023	1875	1592	1831	1728
Formaler Bildungsgrad						
Mittelwert	3,48	3,63	2,97	2,57	3,22	2,25
Standardabweichung	1,05	1,11	1,75	1,47	1,48	1,61
n	1804	1080	1986	1710	1922	1870
Netzwerk-Einbindung						
Mittelwert	1,60	1,46	1,18	0,28	0,85	0,91
Standardabweichung	1,98	1,92	1,86	0,83	1,53	1,42
n	1814	1089	1986	1709	1920	1864

Anmerkung: Berechnungen auf Basis der 3. Welle des European Social Survey.

Tabelle A3: Regressionsergebnisse mit separaten polit. Einstellungen

Land/Region	W-D	O-D	F	PL	S	E
Interesse	0,14***	0,16***	0,19***	0,03*	0,22***	0,17***
Kompetenz	0,07**	0,09**	0,05*	0,02	0,03	0,01
Parteibindung	0,14***	0,20***	0,11***	0,09***	0,02	0,20***
formaler Bildungsgrad	0,04	0,07**	0,06***	0,04**	0,04*	0,06**
gesellschaftl. Netzwerke	0,08***	0,09***	0,11***	0,09***	0,11***	0,15***
Geschlecht (männl.)	-0,09*	-0,08	0,01	0,05*	-0,03	0,02
unter 18 Jahren	-0,05	0,08	0,19	-0,07	0,07	-0,05
18-29 Jahre	0,03	-0,01	-0,02	-0,02	0,04	-0,05
30-41 Jahre	-0,12*	-0,04	-0,12*	-0,07*	-0,09	-0,1
54-65 Jahre	-0,05	-0,04	-0,23***	-0,03	-0,03	-0,24**
über 65 Jahren	-0,25***	-0,14*	-0,36***	-0,06	-0,33***	-0,33***
Konstante	-0,08	-0,13	0,11	0,00	0,09	0,17*
R^2	0,185	0,251	0,218	0,113	0,149	0,242
n	1666	1005	1868	1568	1809	1702

Anmerkung: Berechnungen auf Basis der 3. Welle des ESS. Anmerkungen: Angegeben sind die unstandardisierten Regressionskoeffizienten mit den zugehörigen Signifikanzniveaus (auf Basis robuster Standardfehler): * p < 0,05; ** p < 0,01; *** p < 0,001. Referenzgruppe: weibliche Befragte im Alter zwischen 42 und 53 Jahren.

Abbildung A1: Das Zusammenwirken von politischer Involvierung, formaler Bildung und gesellschaftlicher Einbindung in Westdeutschland

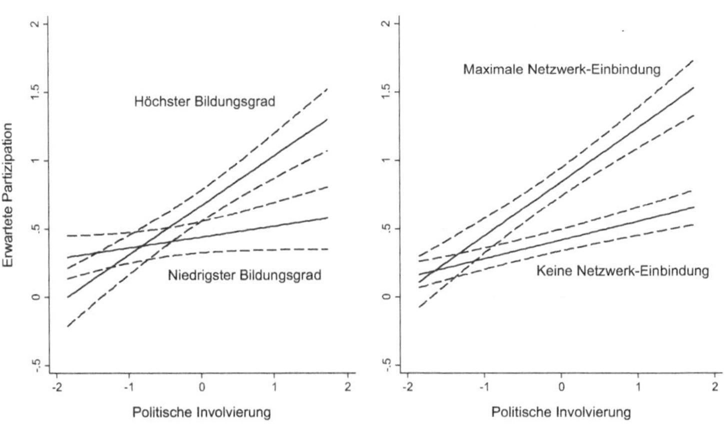

Anmerkung: Dargestellt sind die prognostizierten Niveaus politischer Partizipation für weibliche Befragte mittleren Alters (42 bis 53 Jahre) mit durchschnittlicher Netzwerk-Einbindung (links) bzw. durchschnittlichem Bildungsgrad (rechts) sowie die Grenzen der zugehörigen 95%-Konfidenzintervalle.

Abbildung A2: Das Zusammenwirken von politischer Involvierung, formaler Bildung und gesellschaftlicher Einbindung in Ostdeutschland

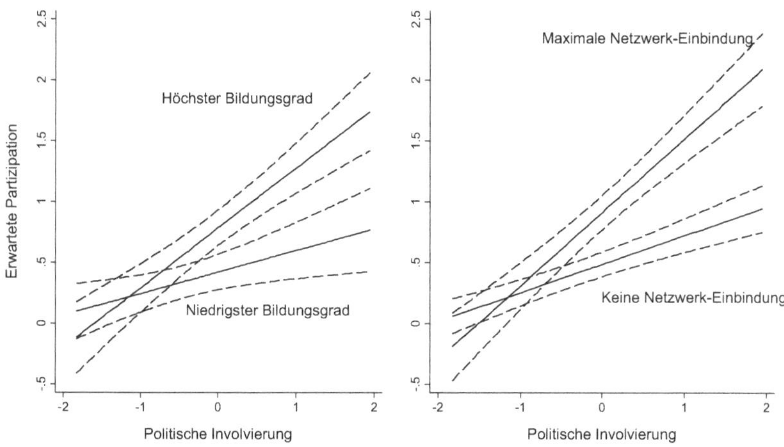

Anmerkung: siehe Abbildung A1 auf S. 98.

Abbildung A3: Das Zusammenwirken von politischer Involvierung, formaler Bildung und gesellschaftlicher Einbindung in Frankreich

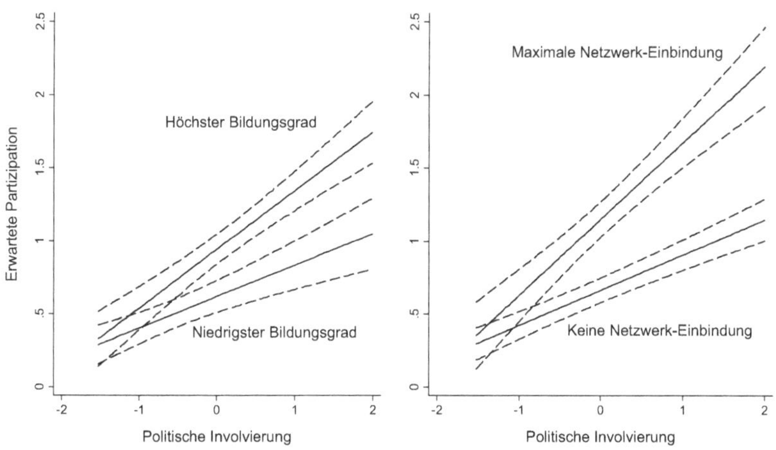

Anmerkung: siehe Abbildung A1 auf S. 98.

Abbildung A4: Das Zusammenwirken von politischer Involvierung, formaler Bildung und gesellschaftlicher Einbindung in Polen

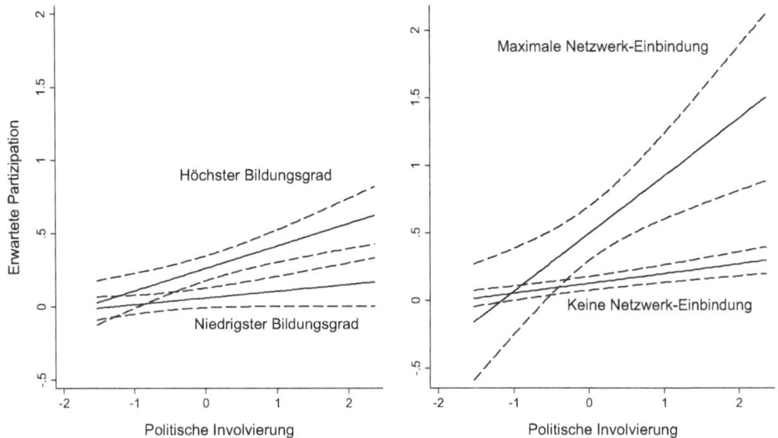

Anmerkung: siehe Abbildung A1 auf S. 98.

Abbildung A5: Das Zusammenwirken von politischer Involvierung, formaler Bildung und gesellschaftlicher Einbindung in Schweden

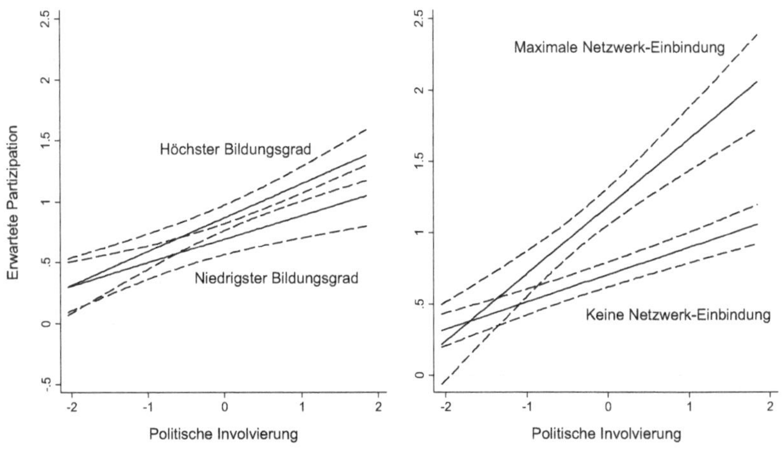

Anmerkung: siehe Abbildung A1 auf S. 98.

Literaturverzeichnis

Abramson, Paul R. und William Claggett (2001): Recruitment and Political Participation, in: Political Research Quarterly 54, Nr. 4, S. 905-916.

Ajzen, Icek (1988): Attitudes, Personality and Behavior. Milton Keynes, Open University Press.

Ajzen, Icek und Martin Fishbein (1980): Understanding Attitudes and Predicting Social Behaviour. Englewood Cliffs, Prentice-Hall.

Aldrich, John H. (1997): Positive Theory and Voice and Equality, in: American Political Science Review 91, Nr. 2, S. 421-423.

Arzheimer, Kai (2008): Gewichtungsvariation, in: Harald Schoen, Hans Rattinger und Oscar W. Gabriel (Hrsg.): Methodische Fragen der Wahl- und Einstellungsforschung (Arbeitstitel). Baden-Baden, Nomos (im Erscheinen).

Assemblée nationale (2008): Les Députés, http://www.assemblee-nationale.fr/qui/ [Zugriff am 15.03.2008].

Barrios, Harald (2003): Das politische System Spaniens, in: Wolfgang Ismayr (Hrsg.): Die politischen System Westeuropas. 3., aktual. und überarb. Auflage. Opladen, Leske + Budrich, S. 609-650.

Beyme, Klaus von (1994): Systemwechsel in Osteuropa. Frankfurt am Main, Suhrkamp.

Brady, Henry E., Kay Lehman Schlozman und Sidney Verba (1999): Prospecting for Participants: Rational Expectations and the Recruitment of Political Activists, in: The American Political Science Review 93, Nr. 1, S. 153-168.

Brady, Henry E., Sidney Verba und Kay Lehman Schlozman (1995): Beyond SES: A Resource Model of Political Participation, in: American Political Science Review 89, Nr. 2, S. 271-294.

Brambor, Thomas, William R. Clark und Matt Golder (2006): Understanding Interaction Models: Improving Empirical Analyses, in: Political Analysis 14, Nr. 1, S. 63-82.

Brambor, Thomas, William R. Clark und Matt Golder (2007): Are African Party Systems Different?, in: Electoral Studies 26, Nr. 2, S. 315-323.

Braumoeller, Bear F. (2004): Hypothesis Testing and Multiplicative Interaction Terms, in: International Organization 58, Nr. 4, S. 807-820.

Brennan, Geoffrey und Loren Lomasky (1993): Democracy and Decision: The Pure Theory of Electoral Preference. Cambridge, Cambridge University Press.

Campbell, Angus, Philip E. Converse, Warren E. Miller und Donald E. Stokes (1960): The American Voter. New York, Wiley.

Congreso de los Diputados (2008): Members, http://www.congreso.es/portal/page/portal/Congreso/Congreso/Diputados [Zugriff am 15.03.2008].

Dalton, Russell J. (2005): Citizen Politics: Public Opinion and Political Parties in Advanced Industrial Democracies. 4. Auflage. Washington, DC, CQ Press.

Dalton, Russell J. und Martin P. Wattenberg (2004): Unthinkable Democracy. Political Change in Advanced Industrial Democracies, in: Russell J. Dalton und Martin P. Wattenberg (Hrsg.): Parties Without Partisans: Political Change in Advanced Industrial Democracies. Oxford, Oxford University Press, S. 3-16.

Deutscher Bundestag (2008): Sitzverteilung im 16. Deutschen Bundestag, http://www.bundestag.de/parlament/wahlen/sitzverteilung/1541_16.html [Zugriff am 15.03.2008].

Downs, Anthony (1957): An Economic Theory of Democracy. New York, Harper and Row.

Falter, Jürgen W., Harald Schoen und Claudio Caballero (2000): Dreißig Jahre danach. Zur Validierung des Konzepts ‚Parteiidentifikation' in der Bundesrepublik, in: Markus Klein, Wolfgang Jagodzinski, Ekkehard Mochmann und Dieter Ohr (Hrsg.): 50 Jahre Empirische Wahlforschung in Deutschland. Entwicklung, Befunden, Perspektive, Daten. Wiesbaden, Westdeutscher Verlag, S. 235-271.

Franklin, Mark (2004): Voter Turnout and the Dynamics of Electoral Competition in Established Democracies since 1945. Cambridge, Cambridge University Press.

Freedom House (2008): Freedom in the World, Historical Data, http://freedomhouse.org/template.cfm?page=15 [Zugriff am 15.02.2008].

Fuchs, Dieter (2000): Typen und Indizes demokratischer Regime. Eine Analyse des Präsidentialismus- und des Veto-Spieler-Ansatzes, in: Hans-Joachim Lauth, Gert Pickel und Christian Welzel (Hrsg.): Demokratiemessung. Konzepte und Befunde im internationalen Vergleich. Opladen, Westdeutscher Verlag, S. 27-48.

Fuchs, Dieter, Edeltraud Roller und Bernhard Weßels (1997): Die Akzeptanz der Demokratie des vereinigten Deutschland. Oder: Wann ist ein Unterschied ein Unterschied?, in: Aus Politik und Zeitgeschichte, B 51, S. 3-12.

Gabriel, Oscar W. (2001): Politische Orientierungen im vereinigten Deutschland: Auf dem Weg zur "Civic Culture"?, in: Hans Bertram und Ray Kollmorgen (Hrsg.): Die Transformation Ostdeutschlands. Berichte zum sozialen und politischen Wandel in den neuen Bundesländern. Opladen, Leske + Budrich, S. 97-129.

Gabriel, Oscar W. (2004): Politische Partizipation, in: Jan W. van Deth (Hrsg.): Deutschland in Europa. Ergebnisse des European Social Survey 2002-2003. Wiesbaden, VS Verlag für Sozialwissenschaften, S. 317-338.

Gabriel, Oscar W., Jürgen W. Falter und Hans Rattinger (Hrsg.) (2005): Wächst zusammen, was zusammengehört? Stabilität und Wandel politischer Einstellungen im wiedervereinigten Deutschland. Baden-Baden, Nomos.

Gill, Jeff und Lee D. Walker (2005): Elicited Priors for Bayesian Model Specifications in Political Science Research, in: Journal of Politics 67, Nr. 3, S. 841-872.

Golder, Matt (2003): Electoral Institutions, Unemployment, and Extreme Right Parties: A Correction, in: British Journal of Political Science 33, Nr. 3, S. 525-534.

Greiffenhagen, Martin und Sylvia Greiffenhagen (2002): Zwei politische Kulturen? Wissenschaftliche und politische Unsicherheiten im Umgang mit der deutschen Vereinigung, in: Hans-Georg Wehling (Hrsg.): Deutschland Ost – Deutschland West. Eine Bilanz. Opladen, Verlag für Sozialwissenschaften, S. 11-34.

Hadjar, Andreas und Rolf Becker (2006): Politisches Interesse und politische Partizipation, in: Andreas Hadjar und Rolf Becker (Hrsg.): Die Bildungsexpansion: erwartete und unerwartete Folgen. Wiesbaden, Leske + Budrich, S. 179-204.

Hillygus, D. Sunshine (2005): The Missing Link: Exploring the Relationship Between Higher Education and Political Engagement, in: Political Behavior 27, S. 25-47.

Hochschild, Jennifer L. (1997): Practical Politics and Voice and Equality, in: American Political Science Review 91, Nr. 2, S. 425-427.

Huckfeldt, Robert (1996): Participation in its Context, in: The Review of Politics 58, Nr. 4, S. 832-834.

Huntington, Samuel P. (1991): The Third Wave. Democratization in the Late Twentieth Century. Norman, University of Oklahoma Press.

Ismayr, Wolfgang (2003): Das politische System Deutschlands, in: Wolfgang Ismayr (Hrsg.): Die politischen System Westeuropas. 3., aktual. und überarb. Auflage. Opladen, Leske + Budrich, S. 445-486.

Jahn, Detlef (2003): Das politische System Schwedens, in: Wolfgang Ismayr (Hrsg.): Die politischen System Westeuropas. 3., aktual. und überarb. Auflage. Opladen, Leske + Budrich, S. 93-130.

Jowell, Roger and the Central Co-ordinating Team (2007): European Social Survey 2006/2007: Technical Report. London, Centre for Comparative Social Surveys, City University.

Kaase, Max und Samuel H. Barnes (1979): In Conclusion. The Future of Political Protest in Western Democracies, in: Samuel H. Barnes und Max Kaase et al. (Hrsg.): Political Action: Mass Participation in Five Western Democracies. Beverly Hills, Sage, S. 523-537.

Kaase, Max und Alan Marsh (1979a): Political Action. A Theoretical Perspective, in: Samuel H. Barnes und Max Kaase et al. (Hrsg.): Political Action: Mass Participation in Five Western Democracies. Beverly Hills, Sage, S. 27-56.

Kaase, Max und Alan Marsh (1979b): Political Action Repertory: Changes Over Time and a New Typology, in: Samuel H. Barnes und Max Kaase et al. (Hrsg.): Political Action: Mass Participation in Five Western Democracies. Beverly Hills, Sage, S. 137-166.

Kam, Cindy D. und Robert J. Franzese (2005): Modeling and Interpreting Interactive Hypotheses in Regression Analysis: A Refresher and Some Practical Advice (unveröffentlichtes Manuskript). http://www-personal.umich.edu/_franzese/KamFranzese.Interactions.UMP.final.pdf [Zugriff am 15.03. 2008].

Kempf, Udo (2003): Das politische System Frankreichs, in: Wolfgang Ismayr (Hrsg.): Die politischen System Westeuropas. 3., aktual. und überarb. Auflage. Opladen, Leske + Budrich, S. 301-348.

Kish, Leslie (1990): Weighting: Why, When, and How?, in: Leslie Kish (Hrsg.): Proceedings of the Survey Research Methods Section, S. 121-130. http://www.amstat.org/sections/srms/Proceedings/papers/1990_018.pdf [Zugriff am 29.02.2008].

Kornelius, Bernhard und Dieter Roth (2004): Politische Partizipation in Deutschland. Ergebnisse einer repräsentativen Umfrage. Gütersloh, Verlag Bertelsmann Stiftung.

Kwak, Nojin, Dhavan V. Shah und R. Lance Holbert (2004): Connecting, Trusting, and Participating: The Direct and Interactive Effects of Social Associations, in: Political Research Quarterly 57, Nr. 4, S. 643-652.

Laakso, Markku und Rein Taagepera (1979): ‚Effective' Number of Parties: A Measure with Application to West Europe, in: Comparative Political Studies 12, S. 3-27.

Lüdemann, Christian (2001): Politische Partizipation, Anreize und Ressourcen. Ein Test verschiedener Handlungsmodelle und Anschlußtheorien am ALLBUS 1998, in: Achim Koch, Martina Wasmer und Peter Schmidt (Hrsg.): Politische Partizipation in der Bundesrepublik Deutschland. Empirische Befunde und theoretische Erklärungen. Opladen, Leske + Budrich, S. 43-71.

Lijphart, Arend (1999): Patterns of Democracy. Government Forms and Performance in Thirty-Six Countries. New Haven/London, Yale University Press.

Maier, Jürgen und Vetter, Angelika (2005): Mittendrin statt nur dabei? Politisches Wissen, politisches Interesse und politisches Kompetenzgefühl in Deutschland, 1994-2002, in: Jürgen W. Falter, Oscar W. Gabriel und Hans Rattinger (Hrsg.): Wächst zusammen, was zusammengehört? Stabilität und Wandel politischer Einstellungen im wiedervereinigten Deutschland. Baden-Baden, Nomos, S. 51-90.

Mansbridge, Jane (1997): Normative Theory and Voice and Equality, in: American Political Science Review 91, Nr. 2, S. 423-425.

Marsh, Alan und Max Kaase (1979): Background of Political Action, in: Samuel H. Barnes und Max Kaase et al. (Hrsg.): Political Action: Mass Participation in Five Western Democracies. Beverly Hills, Sage, S. 97-136.

McClurg, Scott D. (2003): Social Networks and Political Participation: The Role of Social Interaction in Explaining Political Participation, in: Political Research Quarterly 56, Nr. 4, S. 449-464.

Milbrath, Lester W. und M. Lal Goel (1977): Political Participation. How and Why Do People Get Involved in Politics?, 2. Auflage. Chicago, Rand McNally.

Neller, Katja (2004): Der European Social Survey (ESS) 2002/2003, in: ZA Information 54, S. 182-188.

Neller, Katja (2006): Die zweite Welle des European Social Survey (ESS) 2004/2005, in: ZA Information 58, S. 92-101.

Neller, Katja und Jan W. van Deth (2006): Politisches Engagement in Europa, in: Aus Politik und Zeitgeschichte, B 30-31, S. 30-38.

Norris, Pippa (2002): Democratic Phoenix: Reinventing Political Activism. Cambridge, Cambridge University Press.

Olson, Mancur (1965): The Logic of Collective Action: Public Goods and the Theory of Groups. Cambridge, Massachusetts, Harvard University Press.

Przeworski, Adam und Henry Teune (1970): The Logic of Comparative Social Inquiry. New York, Wiley.

Putnam, Robert D., Robert Leonardi und Raffaella Y. Nanetti (1993): Making Democracy Work: Civic Traditions in Modern Italy. Princeton, N.J., Princeton University Press.

Rattinger, Hans (2002): Parteiidentifikation, in: Martin Greiffenhagen und Sylvia Greiffenhagen (Hrsg.): Handwörterbuch zur politischen Kultur der Bundesrepublik Deutschland. 2., völlig überarbeitete und aktualisierte Auflage. Wiesbaden, Westdeutscher Verlag, S. 316-323.

Roller, Edeltraud und Tatjana Rudi (2008): Explaining Level and Equality of Political Participation. The Role of Social Capital, Socioeconomic Modernity, and Political Institutions, in: Heiner Meulemann (Hrsg.): Social Capital in Europe: Similarity of Countries and Diversity of People? Multi-Level Analyses of the European Social Survey 2002. Leinen u. a., Brill, S. 251-283 (im Erscheinen).

Rudzio, Wolfgang (2000): Das politische System der Bundesrepublik Deutschland. 5. Auflage. Opladen, Leske + Budrich.

Schlozman, Kay Lehman (2002): Citizen Participation in America: What Do We Know? Why Do We Care?, in: Ira Katznelson und Helen V. Milner (Hrsg.): Political Science. The State of the Discipline. New York, London, Norton, S. 433-461.

Schoen, Harald und Cornelia Weins (2005): Der sozialpsychologische Ansatz zur Erklärung von Wahlverhalten, in: Jürgen W. Falter und Harald Schoen (Hrsg.): Handbuch empirische Wahlforschung. Wiesbaden, Verlag für Sozialwissenschaften, S. 187-242.

Schwarz, Gideon (1978): Estimating the Dimension of a Model, in: Annals of Statistics 6, Nr. 2, S. 461-464.

Sejm (2008): Debuties, http://www.sejm.gov.pl/english/poslowie/posel.html [Zugriff am 15.03.2008].

Sveriges Riksdag (2008): Members and parties, http://www.riksdagen.se/templates/R_Page_770.aspx [Zugriff am 15.03.2008].

United Nations Development Programme (2007): Human Development Report 2007/2008, http://hdr.undp.org/en/media/hdr_20072008_en_complete.pdf [Zugriff am 15.02.2008].

van Deth, Jan W. (1997): Vergleichende Partizipationsforschung, in: Dirk Berg-Schlosser und Ferdinand Müller-Rommel (Hrsg.): Vergleichende Politikwissenschaft. 4. Auflage. Opladen, Leske + Budrich, S. 167-188.

van Deth, Jan W. (2004): Politisches Interesse, in: Jan W. van Deth (Hrsg.): Deutschland in Europa. Ergebnisse des European Social Survey 2002-2003. Wiesbaden, VS Verlag für Sozialwissenschaften, S. 275-292.

van Deth, Jan W. (2008): Political Involvement and Social Capital, in: Heiner Meulemann (Hrsg.): Social Capital in Europe: Similarity of Countries and

Diversity of People? Multi-Level Analyses of the European Social Survey 2002. Leinen u. a., Brill, S. 191-218 (im Erscheinen).

Veen, Hans-Joachim (1997): Innere Einheit – aber wo liegt sie? Eine Bestandsaufnahme im siebten Jahr nach der Wiedervereinigung Deutschlands, in: Aus Politik und Zeitgeschichte, B 40-41, S. 19-28.

Verba, Sidney (2003): Would the Dream of Political Equality Turn Out to Be a Nightmare?, in: Perspectives on Politics 1, S. 663-679.

Verba, Sidney und Richard A. Brody (1970): Participation, Policy Preferences, and the War in Vietnam, in: Public Opinion Quarterly 34, S. 325-332.

Verba, Sidney und Norman H. Nie (1972): Participation in America: Political Democracy and Social Equality. New York, Harper & Row.

Verba, Sidney, Kay Lehman Schlozman und Henry E. Brady (1995): Voice and Equality: Civic Volunteerism in American Politics. Cambridge, MA, Harvard University Press.

White, Halbert (1980): A Heteroskedasticity-Consistent Covariance Matrix Estimator and a Direct Test for Heteroskedasticity, in: Econometrica 48, Nr. 4, S. 817-838.

Whiteley, Paul F. und Patrick Seyd (2002): High Intensity Participation. The Dynamics of Party Activism in Britain. Ann Arbor, University of Michigan Press.

Winship, Christopher und Larry Radbill (1994): Sampling Weights and Regression Analysis, in: Sociological Methods & Research 23, Nr. 2, S. 230-257.

Ziemer, Klaus und Claudia-Yvette Matthes (2004): Das politische System Polens, in: Wolfgang Ismayr (Hrsg.): Die politischen System Osteuropas. 2., aktual. und überarb. Auflage. Opladen, Leske + Budrich, S. 189-246.

In der Schriftenreihe "Politik begreifen" werden Forschungsarbeiten vorgestellt, die sich theoretisch und methodologisch reflektiert mit empirischen und normativen Problemen der Politikwissenschaft auseinandersetzen. Die Beiträge zeichnen sich nicht nur dadurch aus, dass sie gelungene Beispiele für eine theoriegeleitete Analyse politischer Phänomene darstellen und die politikwissenschaftliche Diskussion bereichern, sondern auch durch ihre anregenden Fragestellungen aus allen Teilbereichen der Politikwissenschaft, die auch für ein breitgefächertes Fachpublikum interessant sind.

In der Schriftenreihe *Politik begreifen: Schriften zu theoretischen und empirischen Problemen der Politikwissenschaft* sind bisher erschienen:

Maximilian Kurz:
Drogen, Terror, Öl – Entstehung und Wandel der US-Außenpolitik gegenüber Kolumbien 1999-2003. Eine netzwerkanalytische Betrachtung aus Sicht des neuen Liberalismus
(Band 1)
150 Seiten, 24,90 Euro, 2007
ISBN 978-3-8288-9228-6

Erik Stei:
Gerechtigkeit und politischer Universalismus – John Rawls' Theorie der Gerechtigkeit. Eine kritische Analyse der Rechtfertigungsleistung
(Band 2)
102 Seiten, 24,90 Euro, 2007
ISBN 978-3-8288-9305-4

Andreas Schmidt:
Liberale Theorien des Demokratischen Friedens. Ein Vergleich vor dem Hintergrund der Revolution in Military Affairs
(Band 3)
108 Seiten, 24,90 Euro, 2007
ISBN 978-3-8288-9324-5

Gregor Schäfer:
Spieltheorie und kommunikatives Handeln in den Internationalen Beziehungen. Eine Analyse der ZIB-Debatte (1994-2001)
(Band 4)
140 Seiten, 24,90 Euro, 2007
ISBN 978-3-8288-9346-7

Carina Schmitt:
Does Civic Engagement Matter? Soziale Beteiligung und Public Policy in Ecuador
(Band 5)
116 Seiten, 24,90 Euro, 2007
ISBN 978-3-8288-9377-1

Karl Marker:
Politische Skandale in Demokratien und Schauprozesse in Diktaturen. Zur funktionalen Äquivalenz
(Band 6)
102 Seiten, 24,90 Euro, 2007
ISBN 978-3-8288-9393-1

Tatjana Rudi:
Der Einfluss von Institutionen auf die Wirtschaftsleistung der Transformationsstaaten
(Band 7)
148 Seiten, 24,90 Euro, 2007
ISBN 978-3-8288-9417-4

Christian Grobe:
Kooperation und Verhandlungen in den Internationalen Beziehungen. Eine Neubetrachtung der ZIB-Debatte aus rationalistischer Perspektive
(Band 8)
114 Seiten, 24,90 Euro, 2007
ISBN 978-3-8288-9472-3

Christine Tiefensee:
Moral Realism. A Critical Analysis of Metaethical Naturalism
(Band 9)
146 Seiten, 24,90 Euro, 2008
ISBN 978-3-8288-9534-8

Emanuel Hansen:
Politische Partizipation in Europa. Erklärungsfaktoren und ihr Zusammenwirken
(Band 10)
107 Seiten, 24,90 Euro, 2009
ISBN 978-3-8288-9842-4

Zeitfracht Medien GmbH
Ferdinand-Jühlke-Straße 7
99095 Erfurt, Deutschland
produktsicherheit@kolibri360.de